KB202516

호모 세르비엔스

호모 세르비엔스

봉사하는 인간

살아 있음의 기쁨과 행복이란?

보다 가치 있게 살 수는 없는 걸까?

가치관을 힐링 시키려면?

임종 시 후회를 줄이려면?

배경민 지음

좋은땅

추천의 말씀 1

땅 위에 살고 있는 모든 인간은 일생 동안 적어도 한 번 이상은 자신의 생애가 좀 더 고귀한 삶이 될 수 있기를 갈망하며 고민한다 해도 지나치지 않을 것입니다. 하느님께서 인간 안에 심어 주신 지성은 언제나 많은 생각의 물결을 출렁이며 보다 나은 미래를 추구해 나가고 있습니다.

하지만 안타깝게도 현대의 상황은 문화적, 경제적 격차가 심하며 어려운 사람들은 삶이 더욱 피폐해지고, 가진 자는 더욱 부유해지는 등 비인간적이며 비복음적인 처지가 여러 방면에서 더욱 심화되고 있습니다. 그 원인은 현대를 구성하고 있는 각 개인을 포함하여 대다수 지성인들과 지도자들의 가치관과 인생관이 복음적 가르침과는 반대로 정립되어 있기 때문이라 하겠습니다. 이러한 세상의 조류(潮流)를 거슬러 인류가 각성하고 현재보다 나은 삶과 생애를 성취하기 위하여 고군분투하며 끈질기게 다양한 길을 모색해 온 필자는 우리에게 많은 화두(話頭)를 제시해 주고 있습니다.

세상에 피투(被投)된 존재로 인간을 규정하는 하이데거의 정론을 자세하게 인용하지 않더라도, 누구나 주어진 환경과 처지에 직면한 채로 인생 여정을 걸어갑니다. 인생길에서 다양한 여건과 상황을 만나면서, 인간은 변화되어 바람직한 방향으로 더욱 좋아지거나 아니면 그 반대이거나 결정됩니다. 그래서 예수님의 말씀처럼 "좋은 나무는 모두 좋은 열매를 맺고, 나쁜 나무는 나쁜 열매를 맺는다."(마태 7:17)는 결과로 드러납니다. 주어진 생명을 안고 살아가야 하는 땅 위의 존재로서 우리 인간은 의미 깊은 생애를 향유하며 감동과 보람 속에 살아야 할 것입니다.

사제 서품 33주년을 맞이하여 배경민 신부님은 이러한 집필 목적을 가슴속 깊이 간직한 채 펜을 든 것 같습니다. 배 신부님은 저의 동창 신부입니다. 물론 신부님은 일반 대학교를 졸업하신 후 신학교에 입학하셨기에 저보다는 몇 살 위의 형님이십니다. 배 신부님을 생각하면 '순수함'이라는 단어가 떠오릅니다. 늘 온화함과 옅은 미소를 지니고 살아가는 분이십니다. 이런 동창이 곁에 있다는 것은 저에게 또 하나의 행운이며 기쁨입니다. 주교가 되어 난생처음 '추천의 말씀'을 부탁받았습니다. 아직 인쇄되지 않아 세상에 빛을 못 본 원고를 미리 전송받아 읽었습니다. 훌륭한 동창을 둔 덕분에 누릴 수 있는 특권이라고 생각했습니다.

이번 저서에는 그간 배 신부님이 살아온 인생, 사제의 삶의 느낌과 흔적이 꾸밈없이 서술되어 있습니다. 추천의 글을 써야 하기에 앞부분이라도 읽자는 마음에 첫 장을 열었는데 그만 끝까지 한숨에

다 읽고 말았습니다. 마치 신부님이 옆에서 자신의 소신과 이야기를 들려주는 듯하였습니다. 평소 간직하여 오던 보다 나은 인간 삶을 향한 소신과 방향을 꾸밈없는 필체로 세상에 드러내었습니다.

많은 것에 마음을 두고서 매일 분주한 삶을 영위하는 21세기 현대인들에게 잠시 가던 발걸음을 멈추고, 각자 자신의 인생 좌표가 어디쯤 지나가고 있는지 찾아보게 하는 좋은 점이 돋보였습니다. 이 글은, 자신의 과거와 현재를 직시하여 잘된 것은 더욱 장려하고 잘못된 것은 고쳐 가도록 하여, 남은 생애를 보다 성숙한 삶에로 나아가도록 초대하고 있습니다.

한 번의 일독으로 본서를 처분하지 말고 몇 번 반복하여 정독하다 보면, 마침내 더욱 원숙한 각자 생애의 최상 성숙기를 성취할 수 있으리라 믿어 의심치 않습니다.

부디 많은 분들의 정독과 깊은 성찰이 우리 사회 전반에 널리 퍼져서 많은 감동과 기쁨이 가득한 교회 공동체와 세상이 되기를 기원합니다.

끝으로 동창 배경민 신부님의 노고에 감사드리며, 앞으로도 하느님을 따르는 우리 모두의 인생길에 지침이 될 좋은 글을 많이 써 주시기를 부탁드립니다.

천주교 군종교구장 서상범(티토) 주교

추천의 말씀 2

인류는 현대 세계에서 지금까지 개발한 과학 기술의 증진과 이용에만 함몰되어, 지구라는 거대한 함선이 좌초와 침몰의 위기로 치닫고 있는 것을 의도적으로 무시한 채, 바로 앞만 바라보며 달려왔다 하겠습니다. 오늘날과 같은 환경과 경제와 세계 질서와 인간관계의 난맥상은, 단순히 과학 기술 산업의 발전만으로는 인간의 미래가 보장되거나 안전한 것이 아니라는 사실을 여실히 보여 줍니다.

이 난제를 극복하고 치유하여 미래 세대에게 보다 나은 환경과 삶의 질서를 남겨 주기 위해서는, 종교의 역할이 과거 그 어느 때보다 중요한 시기라 하지 않을 수 없습니다. 인류에게 빛과 희망을 제시해 온 진정한 종교는 자비와 배려, 상생과 공존, 화합과 친교, 안녕과 행복 등등의 여러 가치관을 선포하고 있지만, 궁극적으로는 이타적 사랑과 자기희생으로 귀결된다고 사려됩니다. 고등 종교일수록 자기 증여와 헌신, 이웃에 대한 박애 정신을 바탕으로 하여 자신보다 이웃을 더욱 섬기고 봉사하는 이타적 사랑의 그 밀도가 넓고 심오하다고 봅니다. 여기에 인류가 인식하고 증진시켜야 할 종교의 중요한 역할과 존재 이유가 있는 것입니다.

  아쉽게도 오늘날 인류가 처한 상황은 과연 인간에게 양심이 있는지 의문이 갈 정도로 갈라지고 어려우며 고통스러운 단말마적인 상황에 처해 있다고 생각됩니다. 하루에 6천 명의 어린이들이 굶주림으로 죽어 가며, 2달러 이하의 재화로 하루를 버텨야 하는 극빈층이 늘어나는 상황에서, 군비 경쟁과 살상 무기들은 하루가 무섭게 신제품을 추구하며, 부익부 빈익빈의 양극화 세계를 더욱 공고히 하고 있습니다. 이런 형국에 자신을 특징짓는 진리와 은총을 간직한 종교는 침묵하고 있는 듯이 있을 것이 아니라, 인류에게 참다운 길과 희망을 제시하고 솔선수범해야 할 것입니다.

  기원후 인류 역사 안에서 가톨릭 교회는 인류 사회에 대단히 중요하고 필요한 생명의 빛을 선사해 왔습니다. 무엇보다도 인간의 천부적인 존엄성과 창조주의 모습을 간직한 인간의 기본권에 대하여 새롭게 인식하게 하였으며, 각 국가와 민족 간의 평화 및 형평성과 자연 재화의 고루 분배를 증진하는 데 투신하는 것을 멈추지 않았습니다. 이러한 소명은 오늘을 살아가는 현대 세계 안에서도 절실히 어쩌면 더욱 간절히 요청된다고 하겠습니다.

이번에 출판하게 된 배 신부님의 작품은 평범한 사람들 가운데서 복음적 가치의 실제적인 활성화를 위한, 자신의 33년 사제 생활의 경험과 실천적 성찰을 집대성하였습니다. 특별히 시대가 요청하는 시노달리타스(Synodalitas)[1]와 상호 내재성(Péricoresis)의 정신을 저변에 두고 기술하였기에 그 저술 가치가 돋보이며, 교회와 인간에 대한 열의가 잘 표출되어 피력하고 있습니다. 한국 교회뿐 아니라 21세기 현대인 각 개인의 역할이 본서를 통하여 고등 가치를 더욱 꽃피우고 더욱 살가운 푸른 지구촌 가족이 형성되는 데 크게 기여하리라 믿으며, 기쁜 마음으로 정독을 권하는 바입니다.

감사합니다.

2020년 예수 성심 대축일에

Menas C. Kafatos[2]

1 한때 공동 합의성이라고 번역하였으나, 참된 의미를 표현하기 위하여 원어 그 대로 사용하기로 결정되었습니다.
2 Dr. Menas C. Kafatos는 미국 채프먼 대학교 부총장을 역임한 석좌 교수이며, 한국 과학 기술 한림원의 외국인 회원입니다. 원문은 맨 뒤편에 있습니다.

추천의 말씀 3

인간을 만물의 영장이라고 말하는데 사실 그렇습니다. 천부적인 지성과 사고 능력으로 만물을 통찰하며 응용하고 비가시적인 것까지 인식하고 판단할 수 있습니다.

그러나 아쉽게도 인류 역사를 되돌아보면 놀라운 인간 지성을 평화와 공존, 정의와 공영을 위해서 사용하기보다 자신과 소속 집단의 탐욕을 채우기 위하여 사용된 경우가 너무 많았습니다. 어떻게 보면 들에 핀 꽃 한 송이나 예쁜 소리를 내며 하늘을 자유롭게 나는 작은 새한 마리보다 못한 모습으로 서로 헐뜯고 짓밟으며 증오심에 사로잡힌 부끄러운 모습의 인간상을 드러낸 경우가 적지 않은 것 같습니다.

이러한 모습은 과학 기술이 눈부시게 발달한 최첨단 정보화 시대인 21세기에도 여전하며 오히려 더욱 악화되고 있다 해도 지나치지 않습니다. 이것을 잘 나타내는 것이 개인별 행복 지수의 쇠락이라 하겠습니다. 삶의 터전 주위 환경을 둘러보면 스스로 행복감에 젖어 있는 이들이 많지 않으며, 만나는 사람마다 살기 힘들다고 하며 우울증과 패배감에 시달리는 이들이 적지 않습니다.

여러 인간 군상에게서 드러나는 이 같은 삶의 모습을 바로 잡고 고양(高揚)시키기 위하여 육십 평생을 살아오며 오랜 기간 인생의 빛과 가치를 연구하며 고민해 온 필자는 평범한 이들이 보다 나은 인간 생애를 찾고 그 진면목의 가치를 구가하기 위하여 작가 정신을 가다듬으며 본서를 집필하였다고 생각합니다. 특별히 막연한 관념적 기술이 아닌 보다 구체적이며 실질적인 삶의 자세를 여러 사례와 함께 제시하며, 많은 이들에게 필요로 하는 바람직한 의식과 가치관을 새롭게 일깨우고 있는 점은 본서를 정독할 이유를 분명히 보여 준다고 사료됩니다.

본서를 접하면서 우리 모두 목적지나 방향도 모르고 쾌속 질주하는 것 같은 인생 기관차를 잠시 멈추고 그 가야 할 목적지를 새롭게 확인하며 재설정하고, 인생 수레바퀴의 후회 없는 궤적을 남겨가야 하겠습니다. 아울러 현대인 한 사람 한 사람이 주위의 동시대인들은 물론 장차 역사를 이어받을 후손들과 후예들에게도 귀감이 될 수 있는 생애를 추구하며 향유할 수 있도록 늘 깨어 있는 자세를 견지해야 할 것입니다.

부디 이 저작을 통해 많은 분들이 자신의 현 생애를 되돌아보고 한층 성숙한 삶을 영위할 수 있기를 멀리 런던에서 희망해 봅니다.

임지현(영국 주재 현직 참사관)

들어가며

지구 위에는 수많은 사람이 태어나 살다 떠나갔으며, 지금 이 순간도 그러하고, 세상 끝날 때까지 계속 그러할 것입니다. 그 가운데는 행복하고 만족스럽게 살다 눈을 감은 사람도 있는가 하면 후회와 슬픔, 회한과 분노 속에 생을 마감한 사람도 적지 않을 것입니다. 어쩌면 생각보다 많은 인생들이 이처럼 부정적으로 어둡고 힘든 삶의 굴레 속에서 어렵게 살다가 생의 마지막을 고했다고 해야할지 모르겠습니다.

그러면 어떠한 삶이 진정 행복하고 은혜로운 삶일까요? 어떠한 사람이 축복 가득한 가운데 생애를 영위하며 유종의 미를 품에 안고 임종했다고 할 수 있을까요? 많은 사람들에게서 인정받는 보다 가치 있는 생애라고 한다면, 과연 어떠한 삶이 그러하다고 할 수 있을까요?

만일 우리 각자 삶에서 고유한 향기가 난다면, 우리 모두의 인생은 각각 어떠한 향기를 낼지 사뭇 궁금합니다. 우리 각 개인의 삶은 세상을 떠난 후에 역사 위에서 온전히 제대로 평가될 것이며, 우리 각자가 살아온 삶의 빛깔과 향기에 따라 고유한 인품과 성격이 드러날 것입니다.

흔히들 일컫는 명품 인생, 진품 인생의 비결은 단순하고 소박한 마음으로 한결같이 지속적인 봉사와 헌신의 삶에 달려 있다고 많은 현인들이 자신들의 생애를 통해 말하고 있습니다. 자신이 어떤 처지와 상황에 처해 있다 하여도, 다른 이들, 특히 곤경에 직면한 이들을 위하여 자신을 내어 주고 이타적인 마음으로 나름 성실하게 봉사할 때 다른 것에서 얻을 수 없는 보람과 기쁨을 얻을 수 있을 것입니다.

로고테라피의 창시자라 불리는 빅터 프랭클은 모든 것이 끝나고 고통과 죽음만 기다리는 아우슈비츠 수용소에서 먼저 죽어간 유대인의 죄수복 호주머니에서 특별한 성경 구절(신명 6:5)을 발견하고 살아야 할 이유를 깨달았습니다. 그 내용은 신(神)을 사랑하기 위하여 살아야 한다는 것입니다. 그분을 사랑한다는 것은 그분의 영광을 위해 일한다는 것이며, 동시에 그분께서 사랑하시는 인간, 곧 이웃에 대한 사랑을 드러내야 하는 것입니다.

여기서 신을 사랑하는 것이 중요한 이유는 그분을 사랑하면서 인간에게 나쁜 짓을 하기는 어렵기 때문입니다. 또한 많은 사람이 이웃 사랑을 실천하려 노력한다면 이 세상은 누구에게나 보다 살기 좋은 보금자리 같은 곳이 될 것입니다.

어쩌면 넓게 보아서 모든 존재의 가치가 바로 이 두 가지 목적을 지향하며, 출생과 존재의 이유를 띠고 있다고 해도 지나치지 않을 것입니다. 더구나 이성을 지니고 사유하는 인간으로서, 끔찍하고 혹독한 고통 속에서도 더 어려운 이웃을 돕기 위하여 내가 살아야 하는 까닭이 있는 것입니다.

실제로 땀 흘려 봉사하며 희생하는 것은 인간 존재의 한 가지 중요한 이유가 되는 것입니다. 나의 도움과 손길이 필요한 이들에게 다가가 고통을 덜어 주고 행복을 선사하려고 노력하는 것은, 살아 있는 인간이 지닌 중요한 사명과 목적이라 해도 과언이 아닙니다.

여기서 얻는 것은 내적 기쁨으로서 신의 창조물 가운데 이 같은 내적 영적 기쁨을 느낄 수 있는 존재는 오직 사람밖에 없다고 할 수 있겠습니다. 금과 은으로 사거나 대체할 수 없는 기쁨이 바로 내적 기쁨이며 영적 기쁨입니다.

우리 생애에 대한 진정한 평가와 판단은 우리 인간의 범주를 넘어 오직 신께만 맡겨진 일입니다. 단지 우리는 천부적인 순수한 양심과 고귀한 인간적 판단에 따라 참으로 행복한 인생을 추구할 수 있을 뿐입니다. 이러한 생각을 바탕으로 이제 최고의 생애를 살았거나 살고 있으며, 후손들에게도 귀감이 되고 자랑이 될 수 있는 삶을 영위한 사람은 어떠한 모습인지 찾아 나서고자 합니다.

CNN 프로에 〈The View From Space(우주에서 바라본 경치)〉라는 프로가 있습니다. 이것은 우주에서 촬영하여, 지구에서 볼 수 없는 경이로운 장관(壯觀)이나 눈부신 현상을 포착하여 NASA 협찬으로 제공되는 명장면 프로입니다. 우리가 우주 비행사는 아니지만, 그들이 우주 공간을 여행할 때 체험하고 느끼는 것을 전해 보며 듣고 하여 간접으로 경험할 수 있습니다.

마찬가지로 봉사하는 사람들 삶의 좋고 본받을 만한 장점들을 간접으로나마 많은 사람들이 듣고 익혀 하나의 트렌드화한다면, 우리 사회와 국가, 나아가 푸른 별 모두의 고향(Common Hometown)이 더욱 살가운 공동의 집(Common Home), 초록 행성(Green Planet)이 되지 않을까 합니다.

일반 봉사자들의 삶에서 구현되는 덕행은 특별한 상황 안에서만 발견되어야 할 것이 결코 아닙니다. 일상 실생활 안에서 갑남을녀 누구나 올바르고 행복한 생애를 향유하는 데 부분적이라 하여도 반드시 필요한 요소라고 하지 않을 수 없습니다. 뿐만 아니라 혼탁하며 어지럽고 복잡하여 무엇이 진정 진·선·미 가치에 부합되는 것인지 알 수 없어 혼란스러운 현대 세상에 진정 필요한 가치들의 그 진면목을 드러내어 현대 인류에게 빛과 지혜를 선사할 수 있어야 할 것입니다.

이런 연유로 다양한 사람들의 구체적 가치관과 추구하는 목표 관점을, 특별히 사회의 지도자 역할을 해야 하며, 어떤 공동체의 중요한 책임을 맡고 있는 분들에게는 식견을 넓히기 위하여 일견(一見)하는 것도 시간 낭비하는 것이 아니라고 사료됩니다.

일상 삶의 현장에서 성실하고 열정적이며 보람 가득한 가운데 자기 헌신적이며 희생적인 모범을 보이면서 진지하게 생애를 구사하는 보통 사람들이 많아지면, 성실하고 믿을 만하며 책임감 있는 이들이 많아질 것입니다. 나아가 사람과 사람 사이의 신뢰감이 상호 증진되어 사회적 일치와 통합이 더욱 굳건해져 보다 살맛 나는 인류 공동체가 될 것이며, 자연히 사회적 제반 문제나 범죄 사건이 줄어들어 교도소의 크기와 수도 줄어들게 될 것입니다.

더욱더 많은 사람이 자신의 직무에 올바르고 성실하게 온전히 투신하는 사회라면, 분명 그 사회의 미래 전망은 밝고 희망차며 그들은 빛나는 귀감이 될 것입니다. 사회 구성원 각자는 이러한 생애를 위하여 어떠한 삶의 방식을 선택하고 어떻게 살아야 하는지 그 답을 구체적으로 숙고하며 고민할 수 있어야 하겠습니다.

인간 만사 중요한 것이 많다고 하지만, 결국에는 기본적인 것이 결핍되어 있으면, 사상누각이 되어 문제가 발생할 수밖에 없습니다. 봉착하는 모든 제반 문제는 그야말로 기본의 기본이 미흡하여 큰 문제가 야기되는 경우가 적지 않습니다. 성실하고 정직하며 먼저 봉사하려는 심리와 자세가 널리 팽배하고 나아가 일반 대중적인 생활 문화로 정착된 사회라면, 신뢰가 가지 않아 야기되는 불필요한 과정과 여력을 낭비하지 않아도 되며 상호 신뢰성이 굳건해질 것입니다.

한번은 어느 외국 기자가 청렴도를 알아보기 위해 독일 지방의 조그만 면사무소 직원에게 사람들이 별로 없는 틈을 타서 어떤 어려운 서류를 급히 먼저 발급해 달라 부탁하면서, 돈을 얼마 줘 보았습니다. 그러자 그 직원은 웃으며, 손사래를 치더랍니다. 그래서 금액을 늘려 깨끗한 봉투에 곱게 넣어 정중하게 건네면서, 꼭 좀 서둘러 달라고 청했답니다. 그러자 그 직원은 전화 수화기를 들고서, 뇌물 공여 혐의로 고발할 수 있다며 거절하더랍니다.

이처럼 정직과 성실, 봉사와 헌신 정신이 출중하다면, 비록 보잘 것 없는 수단으로써 기술과 자본을 사용한 이상으로 사회와 개인의 발전을 도모하고 만사를 투명하게 하며 훌륭한 성과를 이룩할 수 있습니다. 단순히 서로 의심스러운 점 때문에 온갖 여러 규율과 증빙서를 요구하는데, 만일 상호 신뢰할 수 있다면, 많은 과정과 절차가 필요 없게 될 것입니다. 비물질적인 요소를 정화하고 인간 내면의 심성 및 가치관과 인생관 등을 변화시키고 성숙시킴으로써 인류 사회는 보다 바람직한 방향으로 진일보해 간다고 하겠습니다.

필자는 어느새 저만치 칠순을 바라보는 짧지 않은 세월을 살아오면서 과연 세상에는 쉽게 발견하기 어려우나 대단히 귀중한 보화가 많이 있음을 알게 되었습니다. 평범한 사람 누구에게나 그와 같은 보화를 나눠 주고 체득하게 하여 온 생애 동안 향유하며 구가하게 되면 좋지 않을까 하는 생각이 갈수록 짙어져 이처럼 미숙하고 부족하지만 필자는 감히 펜을 들게 되었습니다.

그렇다고 필자가 그 귀한 보화를 완벽하게 간파하고 있거나 그렇게 살고 있다고 하는 말은 결단코 아닙니다. 필자 역시 출발선에서 한 걸음 먼저 나선 단지 구도자의 한 사람으로서 뒷사람들에게

삼가 미천한 향도(嚮導) 역할을 하고자 하는 것뿐입니다.

다만 졸저를 통해서 인간 조직의 각계 지도자와 정책 결정자들 및 선두 그룹이, 아니 구성원 중 일부만이라도 올바른 신념과 가치관을 가지고 생을 살아가며 미래 세대에게 보다 귀감이 되는 발자취와 흔적을 남길 수 있도록 올바른 통찰력과 판단력을 높여 주는 데 조금이라도 도움이 되기를 희망할 뿐입니다.

너무 현학적이거나 철학적인 스타일로 서술되는 것은 필자의 능력도 안 되거니와 당연히 피하면서, 그럼에도 서술 내용이 너무 가볍지 않도록 하여 소중한 시간과 귀중한 관심이 낭비되지 않도록 했습니다. 아울러 고귀한 사상에 대한 한층 보배로운 식견이 전개되어 독자 제위께 무엇인가 인생 여정에 도움이 되거나 새로운 비전을 발견하기를 소망하며 졸필을 시작하였습니다.

여기서 잠시 통섭(統攝) 개념을 미리 거론해야 하겠습니다. 통섭이란 서로 다른 학문, 예컨대, 사회과학과 자연과학, 이과와 문과 등 구분되어진 두 가지 이상의 학문을 그들 경계를 넘어 범학문적, 학제 간 연구(interdisciplinary research) 관점에서 최고의 귀중하고 필요한 지식을 대통합 방식으로 추구하며 찾는 것을 뜻합니다. 이런 의미에서 최고의 가치를 추적해 가는 데 있어 우리가 사고(思考)할 수 있는 것은 무엇이나, 이공계와 인문학적 가치 모두 포괄하여 연구할 때 보다 나은 진정한 결정체, 완성도 높은 결과물, 궁극적 결실을 만나게 될 것이라고 봅니다.

존경하는 독자 여러분들께서는 미소하고 아쉬운 점이 많이 보이거나 보유하신 가치관이나 기대감과 전혀 다른 부분이 나타나더라도 하늘과 하해 같은 심성으로 인내하고 이해하며 양해해 주시기 바라며 필요한 부분만 숙독하셔도 좋겠습니다.

아울러 정신없이 분주한 가운데서도 기꺼이 추천의 말씀을 커다란 격려와 함께 보내 주신 분들께 감사드려야 하겠습니다. 먼저, 전후방 육십만 장병의 복음화와 신앙 증진을 위해 열정을 불태우며 수고 많으신 공경하는 군종 교구장님, 노벨물리학상 후보로 꾸준히 거론되는 Dr. Menas C. Kafatos, 미국 채프먼 대학교 부총장이며 석좌 교수님, 이국 만리에서 국위 선양과 모국 위상을 드높이기 위하여 수고 많으신 임지현 참사관님의 추천의 말씀들은 커다란 용기와 힘을 북돋워 주셨습니다. 이 자리를 빌려 진심으로 마음 깊이 감사와 존경을 표하는 바입니다.

또한 바쁘신 중에도 출판에 앞서 원고를 탐독하며 세심한 수정과 귀한 조언을 해 주신 이충열 작가님, 이영남 박사님, 강피터 대표님, 박문수 박사님, 김장환 대표님, 이제환 총무님, 마리아 여사님, 발바라 여사님, 로사리아 대표님, 아네스 학사님께도 각별한 감사를 표하는 바입니다.

부디 졸저와 만나게 된 모든 형제자매님들께 모든 것이 가능하며 알고 있는 신의 영원한 사랑과 자비, 축복과 은총이 일거수일투족 언제나 함께하기를 마음 깊이 두 손 모아 기원하는 바입니다.

대단히 감사합니다.

2022년 만추(晩秋) 호평동에서

저자 마음 깊이 拜上

차례

구현 … 상황과 조건

인간은 일생 동안 꿈과 이상을 진실한 마음으로 실현하려
는 존재이다. 어떻게 얼마나 어떤 상황과 조건 안에서 추
구하려 할까?

* 생명력

인간에게 흥미와 즐거움을 주는 것은 신체적이며 생물학적인 만족감이 그 시작일 수 있으나, 그런 것은 잠시뿐 곧 무디어진다. 그러나 마음과 정신에 기쁨과 감동을 주는 것은 시간이 지나도 꽤 오랜 시간 동안 뇌리와 마음에 각인되어 기억에 남는다. 이 사실을 명확하게 깨닫는 데 60여 년이 걸렸다고 해도 과언이 아니다.

아름다운 글이나 문학 작품 특히 명시와 같은 것은 늘 되뇌이고 싶고, 깊고 그윽한 음악의 선율과 그 감동은 다시 또 듣고 싶게 된다. 그래서 가까운 친구나 지인에게도 소개해 주어 그 감흥과 기쁨을 나누고 싶고 공감하고 싶은 것이다.

봉사하는 것도 이와 같다고 하겠다. 흔히 봉사는 가치로운 일이라고 한다. 그 가치라는 용어 'value'의 어근 라틴어 'valere'는 '굳건하다', '강하다'라는 의미이다. 곧 '가치 있다'는 것은 모두에게 공동으로 힘을 북돋우며 강하게 하는 것이라고 하겠다. 도와주고 봉사한다는 것 역시 도와주는 이는 좋은 일을 함으로써 보람을 느끼며 자존감이 굳건해지고, 도움받는 이는 다시 힘을 얻고 일어설 수 있게 된다. 그래서 곧 가치로운 일이 된다.

어떤 일이든지 봉사하는 일에 약간의 보람을 느끼게 된다는 것은 봉사자로서 경력이 시작된 것이다. 우연한 기회에 비록 잠시 동안이라 하여도 어떤 직책이든 협력자, 봉사자로서 사회에 봉사하거나 직접 타인을 도우고 어떤 가치와 보람을 조금이라도 느끼기 시작한다면, 봉사자로서 소명(召命)이 있다고 할 수 있겠다. 미래를 알 수는 없으나 내일의 일은 내일에 맡기고, 받은 은혜에 조금이라도 보답하거나 궁극적으로 어려운 이들을 돕겠다는 결심이 생기면 봉사자의 자격이 충분하다 할 것이다.

진정한 봉사는 물질적인 무엇을 얻고자, 또는 자신의 명예욕을 채우기 위해서도 아니며 어떤 권력을 장악하기 위한 것은 더욱 아니다. 우리가 길을 가다가도 아무나 어려운 처지에 있는 사람을 보게 되면, 측은지심이 생겨 어떻게든 돕고 싶은 마음이 생긴다. 더구나 그 딱한 처지의 사람이 아무 연고도 없는 나에게 도움의 손길을 청한다면, 가급적이면 그를 돕고자 노력하는 것이, 이기적이고 약간의 죄책감이 있는 평범한 사람조차 누구나 가질 수 있는 자비로운 마음이라고 하겠다. 어떻게 이런 마음이 생길 수 있을까?

이에 대한 답은 인간이 물질과 빵으로만 사는 것이 아니기 때문이라 하겠다. 여기서 빵은, 단순히 프랑스 어휘 빵(pain) 또는 물질적인 음식으로서의 식량만이 아니라 넓은 의미로 인간의 신체적·물리적인 요구의 모든 것을 총체적으로 포괄한다고 사료된다.

우리 육신의 요구는 다양하고 많은 것을 찾는다. 그런데 인간에게는 그러한 육신의 요구만 있는 것이 아니다. 가시적인 것을 초월하여 비가시적인 것, 곧 영적인 양분과 에너지를 갖춰야 한다고들 일컫는다. 바로 이 영적인 것이 사람을 변화시킨다고 할 수 있다.

빅터 프랭클 박사 역시 영적으로 맑은 마음에서 기인하는 선한 행동과 봉사 같은 것이 생명과 연결되어 있음을 증언했다. 그는 아우슈비츠 수용소에서 다음과 같은 사실을 알게 되었다. 수감자들 가운데 마지막까지 살아남은 사람은 겉보기에는 나약하고 어수룩해 보이지만, 극심한 굶주림 속에서도 병들거나 힘들어하는 동료를 위해 봉사하며 그들에게 자신의 음식을 나눠주던 사람들이었다. 즉 평소에 선행을 실천하는 사람만이 혹독한 시련 가운데서도 살아남을 힘과 지구력이 있다는 것이다.

올림픽 창시자 이름을 딴 '피에르 드 쿠베르탱 메달'이라는 상(賞)이 있다. 이 상은 경기 도중 생명이 위태롭거나 곤경에 빠진 선수를 살리느라 경기를 제대로 못한 선수에게 수여하는 메달이다. 이것은 경기에서 우승하여 얻을 명예를 포기하고, 그 대신 위험에 처한 사람을 구제하여 생명을 살리는 일을 선택한 것이 더욱 의미 있는 일임을 인정하는 것이며, 단순한 봉사 행위가 사람도 살린다는 높은 가치를 분명하게 평가하며 증명한다고 하겠다.

이처럼 선행이나 봉사는 생명력과 연결되는 것으로, 레프 톨스토이는 자신의 저서 『비밀일기』 중 생애 마지막 기도에서 생명의 주관자이신 분께 봉사할 수 있는 기회를 희구하고 있었다.

'마음에 슬픔을 느끼며 잠자리에 들고 똑같은 슬픔을 느끼며 잠을 깬다. 나는 모든 걸 견딜 수 없다. 비를 맞으며 여기저기를 걸어 다녔다…. (중략) … 아버지, 생명의 근원이시여, 우주의 영이여, 생명의 원천이여, 날 도와주소서. 내 인생의 마지막 며칠, 마지막 몇 시간이라도 당신에게 봉사하며 당신만 바라보며 생명을 살 수 있도록 날 도와주소서.'

결국 인생의 꽃은 진실한 마음으로 봉사할 수 있는 은혜와 기회를 구현하며 이에 대하여 감사드리게 되는 때가 아니겠는가 하는 생각이다. 같은 시간에 죄를 범하고 있을 수도 있으나, 선한 일에 정진할 수 있음은 또 새로운 은혜라 하지 않을 수 없다.

자기 자신만 알던 사람이 우연한 기회에 마음이 열려, 다른 사람의 현존이 눈과 마음에 들어와 자리 잡게 된다. 이 경우 자기 자신만의 이득을 찾으며 심지어 누워서 다른 이들로부터 도움을 받아야만 했던 환자가, 다른 사람들에게 봉사하는 일꾼으로 곧 '생명'의 방향으로 변화되는 것이다.

한번은 마더 데레사 수녀님이 전쟁 중인 레바논의 고아들 병원을 방문하였다. 간호사와 돌보미들은 규칙대로 음식과 영양제를 주었으나 많은 아이들은 성장 정지 상태였다. 원인은 아이들이 사랑을 받지 못하여 뇌하수체 분비선에서 성장 호르몬이 생성되지 않았기 때문이었다. 남녀노소 누구나 생명 유지에 가장 필요로 하는 것은 필수 영양제인 사랑이라는 것이다. 이 사랑이 구체적으로 드러나는 것이 봉사 행위이다.

이런 맥락에서 모든 사람이 각자 주어진 환경 안에서 다른 사람들에게 도움을 주며 봉사를 하게 되면서, 완전하지는 않아도 보다 더 생명의 길과 빛의 방향으로 나아가는 삶을 추구하게 될 것이다. 이것은 지위 고하를 막론하고 누구나 성실하며 진심 어린 마음으로 섬기고 봉사하는 모습에서 자연스럽게 가능하리라 여겨진다. 이러한 행동을 통해 자신은 물론 주위 동시대 사람들에게 생명력과 용기 등 긍정적인 에너지를 제공하게 된다고 하겠다. 타인을 위한 봉사를 통하여 스스로 살아 있음의 생명력을 인식하게 되며 타인에게 생명력을 전달한다고 할 것이다.

* 구성원

혹시 여러 가지 여건이 맞지 않거나 용기가 없어 선뜻 봉사 활동에 나서기가 힘든 사람도 있을 것이다. 이런 경우 어느 억만장자가 들려주는, 예컨대, 스티브 잡스, 일론 머스크, 워렌 버핏의 공통점이 되는 다음 얘기가 도움이 될 듯하다.

당신이 어울리는 사람들이 바로 당신 자체이다. 당신의 친구들을 보여 다오. 그럼 내가 당신의 미래를 보여 주겠다. … 당신은 인생 초반의 7~8년을 누구와 보냈는가? 엄마, 어쩌면 아빠, 손위 형제. 그리고 현재 당신은 누구와 놀러 다니는가? … 원숭이와 어울려 다니면 무슨 일이 벌어지나? 당신 인생은… 서커스가 될 것이다.

… 당신이 되고 싶은 사람들이 있는 곳에 가라. 그리고 20년, 30년 후 당신이 되고 싶은 모습을 찾으라. … 당신이 가고 싶은 방향으로 이미 가고 있는 사람들과 어울려라. … 인생은 모델링이다. … 당신 자신을 모델링하고 싶은 사람을 찾으라. 그리고 그 사람이 한 것을 따라 하라. 플라톤이 소크라테스를 따랐고, 아리스토텔레스가 플라톤을 따랐던 것처럼. 2,500년 전 그들이 그렇게 했다면, 현재 여러분도 그렇게 할 수 있다.

뿐만 아니라 맹모삼천지교의 교훈도 그러하듯, 한마디로 주위 사람 모습이 나의 모습이다. 그러므로 스스로 봉사할 수 없다면 봉사하는 사람들이 구성원인 단체나 모임에 가까이 다가가 곧잘 어울리도록 힘쓰면 좋겠다. 유유상종이라는 표현처럼 함께 어울리다 보면, 자연스럽게 봉사할 기회가 마련되고 더불어 살아가며 점차 봉사하는 삶으로 변화될 것이다.

필자가 아는 어떤 사람은 봉사하는 삶을 어릴 때부터 늘 꿈꾸며 그러한 이들 가까이서 지내며 자랐다. 대학을 졸업하고 대한민국 최고의 조선업인 굴지의 대기업 사원들 가운데서 열심히 일하다 어느 날 어릴 때 가졌던 봉사의 꿈이 멀어지는 것을 문득 깨닫고, 제대로 봉사하는 삶을 살아야겠다는 일념으로 신학교에 입학하였다.

그의 특징은 다른 이를 위한 봉사의 삶을 자신 생애의 목표로 지향하다 마침내 온전히 봉사하는 생애를 선택하게 된 것이다. 그는 훌륭히 성직을 이행하였으며 이제 은퇴를 바라보면서, 감사의 마음으로 생애 유종의 미를 거두기 위해 준비하고 있다.

만일 봉사의 목적을 간단히 규정한다면, '공동체와 구성원들의 필요와 갈망을 채워 주고 만족시키며, 공유할 수 있는 비전을 형성하여 실행하도록 하는 것'이라 할 수 있겠다. 앞서 잠시 언급했듯이 구성원들이 봉사하는 이유는 다른 이들과 공동체 전체에 보다 큰 참된 유익함이 이뤄지도록 하기 위해서라고 하겠다.

그래서 최초 한 사람에 의하여 시작된 봉사가 다른 이들에게도 공감이 되어 마침내 모든 구성원이 순수하고 열의 넘치는 봉사의 대열에 나올 수 있게 된다. 모두가 서로 도우며 상호 필요로 하고 각자의 욕구가 만족되는 가운데 공동체가 한 단계 이상 성장하고 진일보되도록 하는 것이 되겠다.

어느 소규모 그룹이나 조직, 집단, 나아가 사회, 국가 등등 그 구성원 가운데에서 이타적인 심성의 사람이 많고 또한 봉사의식을 실천하는 사람이 많으면, 그만큼 그 집단이나 공동체는 발전하며 지속 가능한 밝은 전망을 보장받게 된다. 모두가 각자 공동체 전체를 위해 무엇인가 크든 작든 봉사하려는 마음이 강할수록, 그 공동체의 미래는 밝고 굳건하게 발전해 가겠다. 여기서 구성원 모두가 각자의 천부적인 탤런트(능력)를 공동체를 위하여 마음껏 이바지하도록 하며 지속적으로 선순환 되도록 하면 더욱 좋은 일이 되는 것이다.

한 가정을 생각해 본다. 가정은 모든 가족 구성원이 행복하고 평화롭기를 바라는 보금자리이다. 너무 고령인 경우나 너무 어린 경우가 아니라면, 구성원 모두가 함께 가정 공동체를 위하여 한 마음으로 서로 협력하고 봉사하여 가족 모두 행복하고 즐겁게 가정생활을 할 수 있도록 되어야 할 것이다. 가족 중 누구 한 사람이라도 힘들거나 어려운 처지에 있으면, 사랑이 가득하며 아름다운 가정일수록 구성원들이 더욱 서로 일치단결하여 극복하고자 노력하게 된다.

여기의 특징들을 보면 서로를 위해 자신을 내어 주고, 격려해 주며 힘이 되어 주는 것, 곧 모두가 이타적인 가치들에 젖어 있다. 부모는 아이들을 이타적인 가치에 따라 기르고, 아이들은 부모로부터 전해지는 사랑과 보살핌 속에서 자라고, 나아가 가족 모두 복음의 가치들을 내면화하며 살아갈 수 있어야 하겠다. 구성원 모두들 상호 도우면서 각자의 상호 봉사자 역할을 다해야 더욱 기쁨과 행복 넘치는 가정이 될 것이다.

봉사 활동은 개인 생활 환경이나 공공의 생활 터전을 깨끗하게 청소하는 것에서 시작하는 것이 좋다고들 한다. 자신의 심신을 순화하고 삶의 터전도 정화하며 자신을 낮추는 것을 익히고, 장차 새로운 대의(大義)를 받아들일 여분의 심적 공간을 마련하기 위해서도 청소하며 깨끗하게 하는 것이 필요하기도 하다. 쓰레기나 잡동사니를 치우고 정돈하며, 궂은 일거리라도 찾으면 보인다. 진정으로 순수한 마음을 가지고 봉사하려 하면, 이외에도 좋은 아이디어들이 계속 발생한다.

구성원 모두 한 마음으로 공동체 구성원 전체의 유익함을 도모하고 개선 발전시키고자 하는 한 가지 지향 아래 브레인스토밍³ 등을 통해 우선적으로 할 일이나 역량을 집중해야 될 분야를 위해 아이디어를 찾아야 하겠다.

그러면 당장은 아닐지 몰라도 점차적으로 분명 최우선 순위의

---

3 구성원의 개방적 자유 토론.

임무가 무엇인지 깨닫게 되며 공감하게 된다. 어떻게 하면 보다 더 효과 있고 유익하게 봉사할 수 있을 것인지 고민하고 연구하면서, 다양한 방법과 묘책이 나타나는 것을 체험하게 되는 것이다.

한 가지 재미있는 것은 공무원을 public servant(공공의 하인), 장관도 minister(신하, 시종자)라고 한다. 봉급으로 돈을 받기는 하나, 사실은 하인이며 종의 역할이어야 하고 국가와 민족을 위한 일에 봉사하고 종사하는 공공의 머슴이어야 한다.

직위를 주는 것은 보다 먼 미래의 안목으로 봉사를 잘 하도록 권한을 준 것이다. 또 월급을 주는 것은, 옛날 노비에게도 밥은 넉넉히 먹게 하고 거주지도 생활할 만큼 공간을 제공해 준 것과 똑같이, 오늘날에도 봉급과 관사 등을 제공해 준다고 볼 수 있겠다.

여기서 머슴, 종, 하인 등으로 표현했다고 그들을 낮게 생각해서는 안 된다. 어느 대학 총장의 식별처럼 가만히 보면 한 공동체나 기업, 사회 그룹을 현상 유지하고 작동하게끔 하는 그 이면에는 이른 새벽부터 밤늦은 시간까지 드러나지 않게 수고하고 고생하는 누군가가 있기 때문에 가능한 것임을 알 수 있다. 거대한 비행기도 조그만 볼트 하나가 마모되면 제대로 비행할 수 없게 되듯, 소소한 한 사람의 역할 때문에 전체의 명운이 결정될 수 있는 것이다. 소규모의 잔불이나 담뱃불들을 누군가가 초기에 발견하고 진화하는 수고를 하였기에 거대한 산림을 강풍 속에서도 보존할 수 있는 것이다.

궁극적으로 자신의 한 번뿐인 임기 안에서 최대한의, 선공후사·

멸사봉공의 정신과 후손들을 위한 기나긴 안목과 가치관으로 전력 투신하는 머슴, 종처럼 온전히 헌신하고 투신하기를 온 국민이 요망하며 기대하고 있음을 나타낸다 할 수 있겠다.

흔히 전통적으로 회자되며 배워 온 사해동포애(四海同胞愛)의 정신이 구체적으로 이뤄지는 것이 바로 봉사 활동이라 할 수 있다. 더구나 한 개인만을 위한 것을 넘어 대다수 많은 구성원들의 공공 이익 또는 공동선(共同善)을 위한 구성원 간의 상호 봉사로써 시너지 효과를 구사하며 한 차원 높은 헌신과 공헌이 구현되어야 할 것이다.

진실한 마음으로 사리사욕 없이 보다 확실하게 대다수 구성원의 안녕과 복리를 위한 목적이 분명한 기준이 되면, 식별과 판단이 보다 쉽게 이뤄진다. 이를 경우 대규모가 아닌 소규모 구성원들을 위한 목적이라 하여도 봉사 의식이 투철하게 되고, 올바른 판단력과 예지(叡智)로 예상보다 훨씬 뛰어난 결실을 얻을 수 있을 것이다.

* 심성

'난향천리 덕향만리'라고 한다. 난의 향기는 천 리를, 덕행의 향기는 만 리까지 날아간다는 것을 뜻한다. 덕스러움은 왜 멀리까지 전해진다는 것일까? 이유는 사람에게 덕행이 필요하고 모두들 좋아한다는 것이며 사람은 덕스러운 삶으로 나아가야 함을 뜻한다고 하겠다. 인간 심성에는 덕망이 갖춰져야 하며, 실생활에서 덕망이 실현되어야 하는 것이다.

오랫동안 우리나라 동종 직업에서 수위(首位) 자리를 지켜 온, 이름을 대면 거의 누구나 알고 있는 어느 연예인은 선견지명이 있어 20년 전 무명 시절 때 절실하게 매일 기도를 바쳤다고 한다. 그 이유는 다음과 같다고 한다.

주변에서 많은 사람이 스타가 되고 하루아침에 몰락하는 모습을 너무나 많이 보아 왔다. 그래서… 정말 뜨고 나서 변했다는 사람은 되지 말자. 항상 겸손하고, 항상 지금 이 모습 그대로 노력하고, 솔직하고, 성실한 모습을 보여 드리기 위해 힘써야겠다는 결심을 하게 되었다고 한다. 이 연예인은 지금도 자신을 낮추는 겸허한 모습으로 꾸준한 선행을 행하며 거액을 헌납하여 통 큰 기부 천사로 알려져 있다.

여기서 언급하는 겸손함은 봉사하기 위하여 갖춰야 하는 하나의 덕망이다. 겸손할 수 있어야 순수한 마음으로 봉사할 수 있게 된다. 이 겸손지덕의 결핍으로 태초에 아담은 낙원에서 쫓겨나게 된 것이었다. 신과 똑같이 되겠다고 하는 교만함이 결국 낙원을 잃어버리게 하였던 것이다. 이런 사실은 역(逆)으로 사람이 겸손하면 낙원을 되찾을 수 있다는 이치도 되겠다. 개인적이든 역사적이든 실낙원을 복락원(復樂園)으로 변화시키는 비결이 바로 이 겸손지덕이다.

프란치스코 교황께서도 추기경 시절, 화장실에서 직접 무릎 굽혀 변기를 청소하는 것을 보았다고 어느 신부가 말했다. 이처럼 직위가 높은 분일수록 더욱 더 낮은 자세로 직접 기름도 묻히고 먼지도 덮어쓰며 작업 신발을 진흙탕 속에 디뎌 흙탕물이 양말 속으로 들어오기도 하는 체험들을 하면서 일하면, 분명 그 공동체나 조직은 미래가 보장되고 더욱 발전 계승될 수밖에 없다 하겠다.

고위직이라 하여 소위 '이리 오너라~~.' 혹은 '누구 없느냐~~?' 하는 고압적이며 권위적인 자세로 명령이나 자주 내리며, 손에 물을 묻히지 않으려 하며 땀을 아끼는 스타일의 상급자는 진정한 리더는 물론 봉사자도 될 수 없다.

겸손하게 되면 성실함과 굳건함이 자연히 동반하게 되나 보다. 재일 교포 2세로 일본에선 조센진, 한국에선 쪽발이로 불리며, 온갖 수모를 당했던 K 감독. 그는 대단히 어려운 처지에도 성실하게 힘쓰면서 어디까지나 겸허히 참아내었다. 이러한 그에게 있어 "핍박을 하나하나 이겨 내는 성취감은 마약보다 매력적"으로 느꼈다고 한다. 그의 지론은 꾸준히 노력하는 부지런한 거북이가 게으른 토끼보다 낫다고 확신하였다.

결국 그는 프로야구계에서 보기 드문 진기록 보유자로 평가된다. 갖은 곤경과 핍박 속에서도 그의 심성은 이미 극복과 발전의 씨앗을 품고 있었던 것이다.

우리도 봉사하면서 겸손지덕을 잃지 말고 혹시라도 공치사하지 않도록 하며, 스스로 더욱 겸손한 마음으로 임해야 하겠다. 오른손이 하는 봉사를 왼손이 모르도록 말이다. 사실 봉사하는 행위는 여러 가지 덕망의 결과물이라고 할 수 있다. 자신을 내세우고 교만한 마음으로 꽉 찬 사람은 진실한 봉사 정신으로 이웃을 위해 봉사할 수 없다.

진심 어린 봉사를 하기 위해서는 겸손함이 우선 있어야 하며 그 외 친절함, 온유, 성실, 인내심, 양보 정신, 호의, 절제, 선행, 용서 등등 넓은 아량이 가득한 마음이면 금상첨화가 되겠다. 여하튼 선하고 밝은 심성이 확고히 자리 잡아야 될 것이다. 그러니 인간이 알고 있는 여러 훌륭한 덕스러운 심성이 종합되고 결합되어 마침내 구체적인 봉사 활동으로 열매 맺어 가시적으로 드러나는 것이라 하겠다.

잠자는 인간 심성을 움직이게 하면, 사람이 더욱 진실하고 선하게 된다. 교복을 오랫동안 팔아 온 어느 형제님의 얘기이다. 외모에 관심이 많은 여학생들이 교복 허리를 자꾸만 작게 해 달라고 하여, 혈액 순환에 안 좋다거나 공부하는 데 불편할 것이라는 등등 여러 다양한 말을 해 줘도 도통 듣지를 않더라는 것이다. 그런데 그런 여학생들에게, 허리가 바짝 쪼이는 교복을 입은 딸을 학교 보내 놓고 엄마가 얼마나 마음 졸이며 걱정하겠느냐고 하니, 여학생들이 많은 경우 고집을 바꾸더라고 한다.

이것은 교복집 형제님이 여학생들의 마음속에 깊이 잠재되어 있었으나 잊어버리고 지내 왔던, 어머니에 대한 순수한 사랑의 선하고 고운 심성을 다시 일깨워 주었기 때문이라 하겠다.

참으로 비극이 없는 인류의 미래를 위해서 가장 긴요한 것 중 하나가 바로 이러한 심성에서 우러나오는 봉사 정신이다. 인류 가족 구성원 각자가 천부적으로 혹은 이따금씩 후천적으로 개발하고 발전시킨 탤런트를 다른 사람과 이웃을 위하여 내어 놓거나 나누며 봉사직을 수행하게 할 수는 없을까? 그렇게 된다면, 세계 모든 사람들이 분쟁이나 갈등, 증오와 배척 같은 부정적인 요소로부터 벗어나 한층 평화롭고 안정된 세상을 구가할 수 있을 것이다.

천국과 지옥에 대한 오래된 비유로서 흔히 거론되는 것인데, 아주 긴 숟가락으로 음식을 떠서 상대방에게 주려 하면 천국이 되고, 그 반대로 자신의 입으로 먼저 가져오려면 지옥이 된다고 한다. 이런 점에서 서로가 서로에게 그 규모가 크든 작든 많든 적든 무엇이나 도움을 주고 배려하고자 하는 문화 풍토가 형성되는 것이 절실하다고 하겠다.

인간이 자라면서 느끼는 덕스러운 첫 심성 중 하나는 고생하는 사람에 대한 가엾은 마음이라 하겠다. 이러한 측은지심을 갖추고 군건한 봉사 정신을 함양하기 위해서는 무엇보다 우선 공공 이익, 공동선을 위하고 공동체를 위한 도움을 제공해야 한다는 심성이 필요할 것이다. 이기적, 개인적 안락함 위주로 생각하는 습관이면, '내가 왜 시간 내어 신경 써 주고 봉사해야 해?' 하는 생각에 갇혀 있게 된다. 이 틀에서 벗어나 다른 이들과 모두를 위해 할 수 있는 일을 고려하는 습성이 필요하다.

그다음으로는 포용적이며 넓은 마음을 갖추고 살아가야 한다. 때로는 나 자신도 어렵고 힘든 때가 있다. 특히 함께 봉사하는 동료에게서 미성숙한 모습을 보거나 거부당했을 때, 힘들게 느껴질 수 있다. 이를 때 심성의 포용성을 넓혀야 한다.

17세기 시인 막스 에르만의 「지금 나는 한 친구에 대해 생각한다」에 다음과 같은 내용이 있다. [4]

한 친구에 대해 난 생각한다. 어느 날 나는 그와 함께 식당으로 갔다. 식당은 손님으로 만원이었다. 주문한 음식이 늦어지자 친구는 여종업원을 부르더니, 크게 호통을 쳤다. 무시를 당한 여종업원은 눈물을 글썽이며 서 있었다. 그리고 잠시 후 우리가 주문

---

4 참조 경북신문 2021.5.10.

한 음식이 나왔다. …

난 지금 그 친구의 무덤 앞에 서 있다. 식당에서 함께 식사를 한 것이 불과 한 달 전이었는데… 그런데 그 10분 때문에 그토록 화를 내다니.

어떠한가? 사람의 삶이란 어떻게 보면 정말로 순간인 것 같다. 그런데도 흡사 영원히 살 것처럼 얼마나 후회할 일들을 많이 만들고 있는가? 화가 날 때 상대방의 처지를 생각하여 다르게 생각하면, 분명히 후회할 일들을 줄일 수 있다. 조그마한 일부터 성숙한 사람답게 말하고 행동하도록 노력해야 하겠다. 나보다 더 큰 곤경에 처한 이들을 위해서 역지사지의 자애롭고 넓은 마음을 자주 되살리도록 해야 한다. 주위 사람들의 어려움을 보살피며, 그들의 애환과 억울함에 대하여 곧잘 해결하려 힘쓰고 자비로운 마음으로 접근하려 힘써야 한다.

이러한 마음을 위해서 평소에도 다른 이들을 위하여, 또한 몸담고 있는 공동체의 상황과 여건에 큰 관심을 가지고 더욱 개선하기 위하여 자주 고민해야 하겠다. 나아가 혼자만이 아니라 다른 이들과 함께 봉사를 하게 된다면, 시너지 효과와 함께 더욱 좋은 결실을 거두게 되겠다. 이러한 봉사 정신과 헌신하고자 하는 심성에서 인류 가족 및 지구촌 가정을 위해 보다 바람직한 물질문명과 과학 기술의 발전이 태동되고 올바른 방향으로 향상되어 나아갈 수 있게 되는 것이다.

심화 … 생각과 언행

우리 모든 생각과 언행은 흐르는 세월과 함께 더욱 심도 있
게 강화된다. 어떤 관점과 분야가 특히 그렇게 되어야 할까?

* 고양(高揚)

인간이 탐구하고 추구하는 업적들은 매우 다양하다. 그 분야가 어떤 것이든 종류별 전문성은 일반적 상식과 지식으로는 가까이 근접하기조차 어려울 정도로 심오하고 스케일이 장대하다. 법학도는 수많은 법조문과 법망을 오가며 법 사례를 연구하고 법망을 계발하며, 의학도는 다양한 신체 기능과 그 역할 및 반응, 각종 질병 원인과 그 치료법 및 끝없이 개발되는 신약들을 알아내야 한다. 그야말로 평범한 인생사를 사는 것에서 적어도 한 차원 이상 고양되고 심화된 지평에서 삶의 가치를 추적해 가야 하는 삶이다.

이런 가운데 깨닫는 것은 성실하고 선한 목적과 의도를 수반할 때, 더욱 굳세게 매진(邁進)할 수 있다는 것이다. 천여 편의 희곡으로 대단한 성공을 거두며, 평생 수많은 칭송을 받았던 스페인의 위대한 작가 '로페 데 베가'가 임종을 눈앞에 두고 조금씩 죽음의 순간이 다가올수록 그는 모든 것을 새로운 각도에서 보게 되었다.

그는 말했다. "신 앞에서는 선한 영혼을 가진 자가 위대하오. 지금이라도 내가 선한 일 한 가지라도 더 할 수 있다면, 전 생애 동안의 온갖 칭송과 맞바꾸겠소."⁵ 이웃을 위하여 선을 행하고 수고하며 희생하는 것이 진정한 공적이 된다.

이러한 삶은 봉사의 삶이 되어야 하며, 봉사에는 노고와 희생이 요구된다. 봉사에 희생이 요구되는 것은, 한 알의 밀알이 썩지 않고 있으면, 한 알 그대로이지만, 썩으면 많은 열매를 맺는다는 것과 같은 이치이다. 봉사에 어떤 결실이 풍성하게 영글기 위해서는 필연적으로 적절하고 필요 불가결한 희생이 수반되어야 하겠다. 그리하여 봉사는 그 가치가 더욱 상승하게 되는 것이라 할 것이다.

또한 앞서 이미 드러났지만, 봉사를 거론하면서, 조물주를 언급하지 않을 수 없다. 타인을 위해 수고하고 돌보고자 하는 그 마음이 이미 신(神)의 뜻에 일치하고 그분께서 기뻐하시는 일이기 때문이다. 아울러 봉사가 제대로 이뤄지며 어떤 좋은 결실을 얻기 위해서는 그분의 도움이 필요하며, 그 안에서 봉사 개념의 다이나믹한 구조를 알아보는 것이 현명하다 할 것이다.⁶

어느 신경외과 임상의사는 신앙심을 가지고 있지 않으며 종교와는 담을 쌓고 살아왔는데, 어느새 기도를 많이 하게 되었다고 했다. 왜냐하면 매일 환자의 생사가 자신의 일거수(一擧手)에 따라 한순

5 유재덕. 『소중한 사람을 변화시키는 131가지 이야기』, 하늘기획.
6 많은 이들이 새해에 복 많이 받기를, 평소에도 행운이 따르기를 염원한다. 그 복과 행운은 어디서 오며, 누가 보내 주는가 생각해 보면, 신의 존재를 계속 거부하기는 불가능하다. 우리가 우리 의지와 무관하게 이 세상에 여러 조건과 형편을 가지고 태어나야 했듯이, 그분의 존재와 그 섭리를 무시하기는 불가능하다. 신의 보우(保佑)하심에 대한 언급은 우리 애국가에도 표현하고 있다.

간 찰나에 결정되는 직업이기에, 어떻게든 환자를 살려야 한다는 열의로 일하다 보니 자신의 한계를 깨닫고 신을 멀리하고서는 수술을 성공적으로 할 수 없고 마음도 안정을 유지할 수 없음을 깨달았기 때문이라 한다.

올바르고 진정 어린 성의(誠意)의 봉사는 결국 신의 도움을 찾게 되는가 보다. 의사만큼 절박한 상황은 아니라 하여도 매일 누군가에게 필요한 도움을 주고자 하는 평범한 봉사자로서 기도가 필요하지 않은 사람이 과연 있을까 하는 생각도 든다.

주는 것이 받는 것보다 더 행복하다는 말처럼, 계속 가지려고만 하면 유아기의 상태에서 벗어나지 못한 것이고, 스스로 조금씩 희생하며 이웃에게 무엇인가 계속 나누어 주려 하고 봉사하려 한다면 보다 원숙하고 행복한 심성을 갖춰 간다고 하겠다.

평생을 참 교육자로 살았던 페스탈로치 역시 진정한 인간상으로 타인과 나누고 베풀며 헌신할 줄 아는 것을 교육의 중요 지표로 삼았다고 하는데, 그의 묘비명에는 이렇게 적혀 있다.

'인간, 그리스도, 시인, 모든 것을 남에게 바치고 자신을 위해서는 아무 것도 남기지 않았다. 축복이 있을지어다. 그의 이름에 축복이 있을지어다.'

여기서 진일보하여 현명한 사람이라면 지금 현 상황에서부터 먼저 아직 불완전하지만 거시적인 안목으로 의미와 보람, 가치와 기뽐을 찾는 데 노력하며 힘쓰게 된다. 그러니 지나가며 사라지는 것의 유한함을 인식하고 참으로 소중하며 길이 남을 것을 가능한 언제나 추구하려 한다. 그들에게는 2보 전진을 위하여 1보 중지는 있어도, 개인적인 안락을 위하여, 곧 극히 사적인 즐거움과 이기적인 욕심을 위해 태만과 일탈은 스스로도 용납하기 어렵다. 그들은 이 세상에서부터 실제로 사람들을 돕거나 구제하는 일들에 투신하면서 동시에 시선을 멀리 내다보며 보다 바람직하고 더욱 고귀한 활동으로 자신의 온 생애를 가득 채우고자[7] 힘쓰는 것이다.

어느 연로한 어르신 얘기로는, 사람 생애를 봐서 보통 30세까지는 공부하고 60세 정도까지는 가정을 돌보며 서서히 점차 본격적인 봉사 생활에 개입하고 그 후 건강이 허락하면 90세 정도까지는 온전히 봉사 활동에 투신하도록 생애를 설계하면, 보다 의미 있지 않겠는가 하였다. 공감이 간다. (그처럼 고상한 심성을 지녀서 건강히 백 세 이상 장수하셨는지…).

물론 어느 날 하루아침에 봉사하는 사람으로 변화되는 것이 쉽지 않을 수 있으니, 젊은 날부터 조금씩 봉사의 기쁨과 보람, 무엇보다 그 가치를 맛볼 수 있도록 해야 할 것이다. 개인적으로 또한

---

7 흔히 내가 가진 것이 없다하여 나눌 것이 없다고 단정하는 경우도 있다. 그러나 살펴보면, 이웃과 함께 나누며 도와주고 함께할 수 있는 것이 적지 않다고 본다. 이를 테면, 물질적인 도움 이외에도 이웃에 대한 관심부터 시작하여, 행복, 미소, 관용, 찬사, 위로, 동정, 우정, 포용, 보살핌, 공감, 자신이 갖거나 보유하고 있는 재능이나 인맥, 노동이나 수고 등등 상대방의 마음으로 먼저 다가가면, 필요로 하는 것을 찾을 수 있다.

사회 문화적으로 보다 심화되고 고양된 봉사 프로젝트를 도외시하지 않고 생애 과정 중에 초보 단계든 일부만이든 반드시 설정하는 것이 중요하다고 하겠다.

살아오면서 많이 체험하게 되었는데, 신(神)은 사랑이시기에 당신 모든 것을 늘 내어 주시려 하고 계신다. 그분은 인간이 당신께 드리며 쏟은 희생과 열성을 받기만 하는 분이 결코 아니시다. 우리가 봉사를 하고 선행을 하며 때로는 희생을 감수하는 경우에도, 그분께서는 어떻게든 더 큰 은총을 주시려 하거나, 마땅한 상급으로 보상해 주시기를 원하신다. 오히려 더 많이 되갚아 주시며 더욱 보답해 주시려 하신다.

신은 차라리 당신이 더 큰 희생이나 손해를 보았으면 보았지, 우리가 어떤 희생으로 더 큰 손해를 당하도록 그냥 두고 보시지 못하는 분이다. 어떤 수를 쓰더라도 당신이 희생하고 손해를 입는 것으로 하시지, 우리가 더 수고와 노고가 많거나 더 희생하는 것을 절대로 원하지 않으시며, 충분한 그 이상으로 내세에 이르기까지 우리에게 어떻게든 보답하고 갚지 않으시면 못 견뎌 하는 분이시다.

이 모든 것의 근거가 바로 그분 스스로 완벽한 사랑의 근원이시며, 무엇이나 늘 우리에게 내어 주시려 하고 계시는 분이라는 것이다. 심지어 우리 죄인들을 위해 당신의 유일한 외아들까지도 아끼지 않고 주셨으며, 우리 대신 속죄양, 희생양이 되도록 끔찍한 십자가 형틀에 돌아가시기까지 내어 주셨다.

이처럼 자비 넘치시며 모든 것을 다 알고 계시는 신 앞에서, 어려움에 처한 이웃 사람들을 위하여 보상이나 반대급부를 계상(計上)할 필요 없이 보다 적극적으로 심화되고 한층 고양된 봉사와 헌신을 하도록 노력해야 할 것이다.

* 리더십

오늘날 선망하는 리더십은 한마디로 함께하는 솔선수범이다. 아래 사람이나 직원들을 존중하며 자발적으로 자신의 능력을 발휘하도록 하는 것이 최상의 관건이라 하겠다. 이를 위해서는 봉사를 받으려 하기보다 오히려 먼저 봉사하려 힘쓰는 것이다.

성공적이며 미래가 밝은 기업이나 집단은 구체적으로 봉사 정신의 중요성을 사내(社內) 문화로 정착시킨 경우가 많다고들 한다. 사실 구성원 전체가 미래를 위해 한마음으로 단결하여 더욱 개선된 상황이 되도록 불철주야 노력한다면, 장밋빛 꽃길이 이미 멀리까지 펼쳐져 있는 것이라 하겠다.

위쪽으로 높이 오를수록 그 책임과 사명이 커지면서, 전체를 보면서 동시에 아랫사람이 소외되지 않도록 더욱 돌보고 그들을 위해 희생하며 섬기도록 하는 것이라면 대단히 이상적인 봉사 원칙이 된다. 곧 철저히 이타적인 것으로 이뤄진 생각과 말과 행위가 근간이 되는 것이다. 필자는 개인적으로 이것이 진정한 리더십이라고 생각하며, 봉사 정신에 대한 호소 및 필요성은 적어도 현대 지도자들의 리더십 구성 요소에 있어서도 발전적 영향을 끼칠 것으로

믿는다.[8]

 나아가 자라나는 학생들에게 강조되는 소위 국·영·수 과목보다 더욱 중요한 것이 바로 이 올바른 리더십 정신이라고 생각한다. 곧 봉사와 헌신의 리더십인 것이다. 왜냐면 필요한 지식은 해당되는 전문 지식인이나 데이터 뱅크(또는 소스, source)에 의뢰하면, 필요한 최상의 판단을 할 수 있으나, 모범적인 리더십은 상황에 따라 매우 주도면밀하게 헌신적으로 추진해야 하기 때문이다.

 우리 인간은 누구나 그 규모가 크든 작든 언젠가는 구성원 사람들을 이끌어야 하는 각자 속한 조직의 리더가 되어 간다. 그때에 바로 이 봉사 의식으로 무장하여 더욱 성실한 리더가 되는 것이, 직급만 높은 철저한 이기적인 고위직 사람보다 더 훌륭하다고 보기 때문이다.

 리더로서의 진정한 권위 역시 철저한 봉사 정신과 아낌없는 자기 투신에서 나온다. 역사에 나타난 위대한 리더들이 보여 주고 본받도록 가르쳐 준 것이 바로 이것이다. 이는 소위 일컫는 noblesse oblige(고위층의 도덕적 의무)를 능가하는 헌신적 리더십을 뜻한다. 즉 상류 계층이라 하여도 반드시 준수해야 하는 그런 의무 수준

---

8 나폴레옹의 경우, 한밤 경계 근무 중 졸고 있는 초병을 대신하여 보초를 서 주었다. 그러자 부대 전체 장병들이 총사령관인 그에게 더욱 충성하게 되었다. 중국 춘추전국 시대의 이름난 모 장수는 한 부하 군사의 곪은 종기에 직접 입을 대고 고름을 빼 주었다. 그러자 휘하 모든 군사들이 목숨을 바쳐 가며 그 장수를 따랐다고 한다.

을 넘어, 앞서 나아가 자신을 희생하면서까지 기여하고 봉사하는 것을 뜻하는 것이다.

리더들에게 필요한 오늘날의 지도자 교육 및 연수에서도, 지도자가 자발적으로 더욱 많이 신경 쓰고 일해야 하며, 가장 높은 지도자일수록 가장 많이 가장 늦게까지 봉사해야 한다고 얘기하고 있다. 진정 귀감이 되는 지도자는 결국 순수하고 진정한 봉사자여야 한다. 무엇을 많이 알고 능력이 출중한 것이 중요하다기보다 능력은 보통 수준이라 하여도 가장 늦게까지 헌신하고 낮은 자세로 봉사하려는 태도가 진정한 리더십의 기본 요건이라 하겠다.

농담 반 진담 반의 우스갯소리로 학사 위에 석사, 석사 위에 박사, 박사 위에 신사, 신사 위에 봉사라고 할 수 있겠다. 어느 고등학교 정문 입구에 세워진 큰 돌에, '먼저 사람이 되자.'라는 글이 새겨져 있다. 일반 상식을 갖춘 사람 됨됨이가 다양한 배움의 단계와 심오한 학문 내용보다 먼저 갖춰져야 하듯, 여러 제반 학위보다도 신사도(紳士道)가 먼저 갖춰져 있어야 한다는 것이다. 곧 젠틀맨십은 어려운 사람을 돕고 약자에게 편의를 양보하며 정직하고 올곧은 인생을 사는 사람다움이라 할 수 있다.

이러한 신사도 위에 봉사자의 길과 법도는 자리하여, 크고 작은 자기희생과 헌신까지 수반하며 다른 사람을 돕는 것이라 하겠다. 기사도 정신이 묻어나는 신사의 품격보다 봉사하는 이들의 땀방울이 더욱 고귀한 것이며 진일보한 것임을 부정하기 어렵다. 그리하여 고위직의 솔선수범을 포함하여 사회의 개개인 각자가 하나같이 서로를 위하여 먼저 기여하고 헌신할 줄 아는 인간 사회가 되어야 하는 것이다.

선의의 봉사자들도 이러한데 하물며 사랑 넘치시며 사랑 그 자체이신 신(神)께서야 오죽 당신께 도움을 청하는 이들에게 자비와 도움을 베풀어 주시려 하지 않으시겠는가 하는 생각이다. 사실 그분께 도움을 청하여 도움과 혜택을 입은 경우가 필자에게 있어서 한두 번이 아니다. 우리 인간도 신의 이와 같은 봉사와 섬김의 모습을 본받아 실천해야 하겠다.

진정한 리더는 수당이나 봉급, 자신에게 돌아올 몫과 혜택을 얻기 위해 일하는 것이 아니다. 오직 그룹이나 공동체를 궁극적으로 일으키고 유지 발전시키는 데 전념한다. 이것은 곧 인내심을 가지고 부드러운 카리스마를 발휘하며 내적, 외적으로 필요하고 긴요한 것을 찾고 추구하며 성취시키려 헌신하고 봉사해 가는 것을 뜻한다. 가식 없는 섬김과 투신, 희생과 나눔의 삶에서 전체를 아우르며 존경 받는 리더십이 궁극적으로 빛을 발하게 되는 것이다.

한편 프랑스의 실존주의자 장 폴 사르트르는 그의 작품『닫힌 방(Huis Clos·Le Diable et le Bon Dieu)』에서 당시 세계상에 대하여 출구 없는 혼돈의 상태라고 얘기했다. 자기 자신만을 위한다면, 결국 세상은 꽉 닫힌 폐쇄 공간, 빛이 전혀 없는 독방(獨房) 감옥이 되고 만다.

하지만 현명한 이들에게 있어 자신들의 소명과 책임을 한층 일깨우고 성장시키는 것은, 자신의 인생길을 가면서 넓게 열려 있는 자세로 타인에게 호의적으로 대하며 덕망을 삶 속에서 꾸준히 실천하는 것이다. 이러한 실천은 자신을 더욱 내어 주는 여러 봉사와 헌신의 모습으로 드러나게 된다. 결국 다른 이웃을 행복하게 해 줄 때, 참된 행복은 나에게 찾아오게 되어 있다고 하겠다.

《마음 건강 길》에 실린 글에 의하면, 미국인 신디 발렌타인과 영국인 찰스 필서방(Pilseobang) 두 사람은 한국의 대중교통 특히 지하철은 놀랍다고 하며, 다음과 같은 사항에 찬사를 아끼지 않았다. 그것은 다른 사람 짐 들어 주기, 노약자에게 자리 양보하기, 저렴한 값에 청결하기, 버스 정류장에 줄 서기까지 등등이 있다.

이런 것들은 모두 타인을 더 배려하려는 봉사와 헌신의 기본 마음이 깔려 있기 때문이라고 볼 수 있겠다. 다른 사람을 위하고 친절을 베푸는 마음이 문화적으로 보편화되고 견고하게 되어야 지구촌에서 모범적 선진 문화를 선도할 수 있을 것이다.

* 시간상

한 가지 중요한 점은 우리 인생은 유한한 시간 속에 머무는 존재라는 것이다. 〈닥터 지바고〉 영화를 처음 봤을 때 인상적인 것 중 하나는 영화 후반부 화면에 크게 나타난 지바고의 옆모습 사진이었다. 일생을 살아오며 겪었던 파란만장한 삶의 굴곡이 그 사진 한 장에 압축되어 남겨진 것이었다.

이것은 삶의 굴곡이 많았던 나폴레옹이나 링컨 역시 그러하였으며, 우리 또한 미래에 영정 사진 한 장이나 납골 상자 하나에 담기게 될 오늘의 다양한 삶을 영위하고 있다 하겠다. 이처럼 사람은 누구나 언젠가는 현재 생애가 끝나는 날이 있다는 엄연한 실제 상황을 현재 살아가고 있다.

프랑스 작가 발자크의 『고리오 영감』에는 이런 내용이 나온다. 아프리카에서 인도에 이르기까지 정복했던 알렉산더 대왕이 서서히 죽어 가는 자신을 보면서 유언을 남겼다.

"내가 죽거든 내가 모은 모든 것들을 묻되 두 손만은 밖으로 내놓도록 하여라. 부귀와 영화를 누리며 천하를 호령했던 나는, 아무 욕심 없이 살아온 평범한 사람들처럼 빈손으로 떠난다는 사실을 지금에야 깨달았기에 손만은 묻지 말라고 하는 것이다."

　이러한 알렉산더 대왕이 또 한 번은 페르시아 원정을 할 때, 페르시아 왕 고레스의 묘비를 보고는 "인생이 아무리 한때 부귀영화를 누려도 결국은 한 개의 무덤밖에 남기는 것이 없으니 허무하구나!" 하고 눈물을 흘렸다고 한다. 이것은 인간의 유한성과 시간성을 일깨운다 하겠다. 많이 소유하거나 명망이 높다고 해서 그것이 끝까지 남아 있지 않다는 것을 일찍 깨닫는다면, 우리 삶의 멍에는 훨씬 가벼워질 것이며 우리는 보다 슬기로워지겠다.

　인간은 한정되고 유한한 시간 속의 존재이기에, 봉사를 통해 타인을 돕거나 필요한 일을 할 수 있는 시기 역시 무작정 긴 것만은 결코 아니다. 유명인들의 집무실에 많이 걸려 있는 '배 그림' 액자 밑에 있는 명언, '물 들어올 때, 노 저어라.'라는 말처럼 봉사할 수 있는 활동 시기 동안 나중 결코 후회 없도록 최선을 다하여 투신해야 함을 피부로 느끼면서 하루를 가능한 온전히 소진하려 한다.

　이 점은 세상 속에서 직장 생활을 하는 일반인들도 마찬가지로 어떤 곳에 취직했거나 사업을 시작했다면, 할 수 있는 그 해당 임기와 시간 중에 후회 없이 능력을 남김없이 발휘할 수 있는 것이 중요할 것이다. 훗날 은퇴하고서 과거가 될 오늘 현재를 아쉬워하거나 불만스러워할 만큼 어리석어서는 안 된다.

　그 대신 지금 최선을 기울여 주어진 책임은 물론 기업이나 회사 전체를 위해 때로는 더 넓게 동일 직종의 모든 부처에서 더욱 중요하고 필요 불가결한 소임까지 관철하고 파악하여, 가용 수단을 집중하여 보다 완성도 높이 수행해 갈 수 있기를 소망해 본다.

여기서 한 가지 마음 깊이 유념할 점은, 현재의 상황에서 공간적으로 공동체가 더욱 개선되고 발전하도록 하는 것은 물론이다. 게다가 한 걸음 더 나아가 시간상으로도 현재 속해 있는 공동체의 앞날과 그 장기적 미래에도 지속 가능한 발전이 계속되도록 십 년, 이십 년 후를 위하여 오늘 그 씨앗이나 초석을 심고 다질 수 있다면, 봉사의 가치와 중요성을 보다 잘 드러내고 있는 것이다. 무슨 일을 하든지 개선되고 좋아지려면 오늘 지금 준비하고 노력해야 한다. 내일을 잘 맞이하려면, 오늘을 잘 보내야 하며 어떻게 준비하였는지에 따라 내일의 모습이 결정된다. 대부분의 슬기로운 리더는 미래지향적인 감각을 늘 유지하려 힘쓴다.

이런 점에서 이른바 성공이라는 의미도 새롭게 조명할 수 있겠다. 사상가 랄프 왈도 에머슨은 자신의 저서 『무엇이 성공인가』 중에서 성공의 의미를 다음과 같이 서술하고 있다.

'건강한 아이를 낳든 한 뙈기의 정원을 가꾸든 사회 환경을 개선하든 자기가 태어나기 전보다 세상을 조금이라도 살기 좋은 곳으로 만들어 놓고 떠나는 것. 자신이 한때 이곳에 살았음으로 인해 단 한 사람의 인생이라도 행복해지는 것. 이것이 진정한 성공이다.'

길지 않은 한정된 시간 안의 인생이지만, 장차 올 다음 세대 사람들을 위해 무엇인가 현재보다 개선되고 발전된 상황을 만들 수 있어야 한다는 것이다.

단순한 행동을 하더라도 시간상 유한성의 관점을 간직하며 실행하면, 실속 있고 풍성한 결실을 얻게 되리라 여겨진다. 유대인 엄마는 아기를 목욕시킬 때도 그의 장래를 생각하며 다음과 같은 기도문을 외운다고 한다.[9]

얼굴을 씻어 주면서는, 이렇게 기도한다. "신이여, 이 아이의 얼굴은 하늘을 바라보며 하늘의 소망을 갖고 자라게 하소서."

입 안을 씻어 주면서는, "신이여, 이 아이의 입에서 나오는 모든 말이 복음의 말이 되게 하소서."

손과 발을 씻어 주면서는, "신이여, 이 아이의 손과 발을 통해 온 민족이 먹고 살게 하소서."

머리를 감기면서는, "신이여, 우리 아기의 머릿속에 지혜와 지식이 가득 차게 하소서."

가슴을 씻어 주면서는, "신이여, 우리 아기 가슴에 나라와 민족을 사랑하는 마음을 주소서. 5대양 6대주를 가슴에 품고 살게 하소서."

성기를 씻어 주면서는, "신이여, 우리 아기가 자라나 결혼하는 날까지 순결을 지켜, 신이 원하시는 가정을 이루고 축복의 자녀를 만나게 하소서."

등을 씻어 주면서는, "부모를 의지하지 않고 보이지 않는 신만을 의

---

9 블로그, 미래영재연구소, 2021. 09. 20.

지하게 하소서."

이런 기도문을 수백 번 듣고 자라난 유대인들이 지금까지 수여된 노벨상의 38%를 차지하였다. 신께 의탁하여 이 세상에서부터 축복을 받게 된 것이라 본다.

이러한 장기적 비전은 그 구성원들의 의식과 관점에 따라 높낮이가 좌우되며 아울러 공동체의 명운도 함께 결정한다. 오늘의 우리에게도 이 땅에서 먼저 살아오신 선조들의 우리를 위한 희생과 봉사가 있었기에 우리의 현 모습이 가능하게 되었다. 우리 역시 후손들에게 물려 줄 주춧돌[礎盤]과 기초를 거시적 안목에서 고민하며 구체적이고 장기(長期)지향적인 봉사의 방향과 단계를 정할 필요가 있는 것이다.

집 안에서 부모가 자녀와 대화를 할 때에도, 시간상 한계를 의식하며 대화를 하는 경우에는 그렇지 않은 경우보다 더욱 가치 있는 대화가 이뤄진다 하겠다. 대화의 기회가 언제나 늘 가능한 것이 아니라, 때가 되면 부모 자신이 먼저 노쇠하게 되거나 아니면 자녀들이 장성하여 출가하게 될 것이라는 것을 고려하고 임한다면, 한마디 충고나 조언을 하더라도 보다 중요한 가치를 찾아 담거나 더욱 신중하게 시간을 보내게 될 것이다.

어떤 처지나 상황에 있다 하여도 시간의 쌍곡선 위에 머무는 시간적 존재로서 인간은 어떤 결정과 판단을 하더라도 10년, 30년 앞을 내다보며 거시적이고 장기적인 비전을 놓치지 않아야 하겠다.

이를 위하여 오늘 현시점 이곳에서 해야 할 일이 무엇이며, 최우선 순위가 어떤 것인지를 좌고우면(左顧右眄)[10]하며 어떻게 봉사하고 헌신해야 할지, 보다 많은 고민 위에 심화된 결정을 선별하고 실행해야 보다 큰 결실을 놓치지 않으며, 설혹 예상 밖의 과오나 실책이 발생하더라도 그 규모를 줄일 수 있을 것이다. 여기에 보다 높은 식견과 혜안, 경력과 관록(貫祿)이 요청되는 것이라 하겠다.

---

10 좌우를 둘러보며 앞뒤를 재고 망설임.

인식 … 새로운 것

인간 두뇌는 출렁이는 물결처럼 늘 무엇인가 생각을 담고 새로운 정보를 찾고 있다고 하겠다. 문제는 어떠한 새로운 것을 담는가이다.

* 명오

    봉사자는 지금까지 앞서 피력한 것과 같이 봉사의 생애를 보다 성실한 마음으로 투신하며 보다 심화되게 구현하는 삶을 영위할 수 있다. 특히 보다 진중하고 진실하게 생을 살아가려는 봉사자들은 세상의 한복판 '광야'에서 신을 생각하고 그분 뜻을 찾으며 그분 뜻에 맞게 살아가도록 노력할 필요가 있다.

    이러한 봉사자 중 어떤 이는 수혜자 몰래 그를 위해 기도를 해 준다고 한다. 길을 가다가 만난 딱한 사람들이나 운행 중 사고를 당한 이들을 봤을 경우, 도와줄 만한 여건이 마땅찮을 때, 곧잘 기도해 준다는 것이다. 그래서인지, 자비를 베푸는 이는 자비를 입을 것이라는 말씀처럼 살아오면서 자비를 많이 받았으며 청할 줄도 몰랐던 축복까지 받았다고 고백하였다.

    서구 사람들이 흔히 하듯이 누구나 사랑하는 사람들이나 자녀들에게 중요한 일을 앞두고 기원하며 기도해 줄 수 있겠다. 현 교황님께서도 당신이 교황으로 선출된 후 처음으로 신자들 앞에 나왔을 때, 저녁 인사 직후 먼저 신자들에게 축복을 청하며 고개를 숙였다. 당연히 그분께서는 기원과 기도의 중요성과 그 가치를 누구보다도 잘 알고 계셨다. 그리하여 신자들과의 첫 만남에서 기도를 청하며 영적인 활동을 우선적으로 시작하셨다고 할 수 있겠다.

우리의 삶은 대부분 물질계와 현세에 관한 연구이지만, 깨어 있는 봉사자가 추구하며 찾아가는 생애는 가시적 세계 차원을 넘어서는 단계라고 할 수 있다. 이것은 마치 어린아이는 초콜릿 하나로 더 이상 필요한 것이 없다며 아주 만족하고 행복해하지만, 성인이 된 어른은, 초콜릿은 비만을 초래할 수 있으며 아무리 달콤한 초콜릿이라도 단번에 거절하고 다른 더 중요하고 가치 있는 것을 획득하려 노력하는 것과 같다고 하겠다.

마치 추운 날 새벽 늦가을 낙엽을 쓸고 있는 환경미화원 중에는 단순히 생계를 위해 직업상 마지못해 짜증 내며 일하는 사람이 있을 수 있겠다. 또한 동시에 훨씬 넓게 사고(思考)하며 자신은 지금 80억 인구가 사는 지구 한 부분의 청결 사명 중책을 맡아 깨끗하게 하는 숭고한 일을 하고 있다고 여기며 충실하게 소임을 다하는 경우도 있는 것이다. 똑같은 일을 하면서도 진정한 봉사의 명오가 열리면, 휴지 하나 줍는 것도 그 의미가 얼마든지 다를 수 있다.

60대 중반. 이제와 돌아보니, 대학을 졸업하고 학위가 있다 하여도 필자 스스로 과거 그 당시에는 여전히 인생과 참된 가치를 모르고 있었으며, 열려야 할 명오(明悟)가 아직 많았던 철부지였음을 반성하며 부끄러운 심정을 인정하게 된다.

세상을 살아가면서 정신없이 분주하게 매일을 살아 내지만, 인간인 자기 자신에 대한 인식 문제는 거의 관심 없이 평생을 살다가 눈을 감는 경우가 적지 않다고 한다. 인간이면서 인간이 무엇인지 모른 채 인간임을 마감하는 과정을 반복하지 않고, 진정 심오하게 고찰하는 경험은, 또 하나의 새로운 명오와 인식이 열리는 지평이다.

인간으로서 인간이 어떤 존재인지를 보다 넓고 깊게 인지하고서 사람들을 만나고 도와줄 때, 우리는 한 단계 높은 인간관, 가치관을 형성하게 될 것이며, 나아가 인간에 대하여 새롭게 명오의 지평이 넓어진 것에 대해 감사하게 될 것이다. 더구나 인류 전체에 대한 인식이 열리게 되면, 인류 역사가 한 차원 높게 진화된다고 하겠다.

인류학자인 마가레트 미드는 인간의 문명화는 불의 발견이나 질그릇이나 연장 발명에서 시작된 것이 아니라 부상당한 동료를 발견하고 그의 상처 난 부위에 붕대를 감아 준 때부터 시작되었다고 주장한다. 문명화란 인간이 인간됨을 갖고 도움이 필요한 사람을 돌보고 봉사의 의미를 깨달을 때 비로소 가능했던 것이다. 곧 타인을 위하는 마음이 깨어나며 개방적이 될 때, 살맛 나며 풍요로운 사회 공동체의 첫걸음이 시작된다는 뜻이다.

이런 점에서 예컨대, 알프레드 노벨의 공적(功績)은 노벨상을 제정한 것에 국한되지 않는다. 다이너마이트를 발명한 노벨이 한 신문에서 자신이 죽었다고 한 오보를 보자. 자신의 사후 사람들이 어떻게 기억할 것인가를 심각하게 고민했다. 그때 이후 그는 인생 목표를 완전히 바꾸게 되어, 그는 결국 자신의 엄청난 재산을 전부 바처 노벨상을 제정하게 되었다. 인류를 위하여 좋은 일을 하여 귀감이 되는 이들에게 수여하도록 하였다.

이러한 노벨상의 제정으로 인하여 많은 사람들은 자신이 속한 국가와 민족의 울타리를 넘어 인류 공동체 전체의 안녕과 행복을 추구하는 커다란 가치 지평과 더 넓은 명오를 만나게 되었다고 할 수 있다.

영과 육의 관계에서도 그렇다. 참된 것을 참되다고 말해야 하는 정론(正論) 직필(直筆)을 들어 감히 밝히는 바, 흔히 많은 이들이 추구하는 안락함이나 재력, 권력, 지명도, 지배욕, 향락 등등 세상이 보여 주고 육신이 끌리는 온갖 욕구들은 극복해야 될 대상이지, 궁극적으로 추종해야 할 최고의 가치로운 것이 결코 아니라는 명오의 지평이 있는 것이다. 왜냐면 형이상학적이며 영적인 것의 가치가 훨씬 높고 장대하기 때문이다.

이런 점에서 영적인 것은 생명을 준다는 말씀이 고령자가 되어 가는 이제 와서 마음 깊이 납득이 가며, 온 마음으로 공감이 가는 것이다. 생명을 준다는 말씀은, 잠깐 반짝이다 사라지는 것이 아니라 항구하게 살아남으며 꾸준히 지속 가능하게 된다는 뜻이다.

존재하는 동식물의 모든 생명체는 자신의 생명을 보존하고 이어가기 위해 온갖 수단과 방법을 가리지 않는다. 사람도 예외가 아닌데, 다만 법과 윤리가 규정한 테두리 안에서 생존 본능을 따르려 하고 있다. 이렇게 모든 생물이 추구하는 그 생명을, 영적인 것이 준다는 것이다. 이것은 썩어 없어질 육신적 물질적 생명과는 차원이 다른 영적이며 영원한 생명을 얻게 된다는 뜻이다.

이리하여 가시적인 것을 넘어 비가시적인 것에 대한 명오가 열리게 되며 보다 궁극적인 것에 관심을 두고 타인을 도울 수 있게 되는 것이다.

이와 같은 명오 인식은 봉사자들 역시 완전하지는 않으나 어느 정도 깨달았기 때문에, 곧 봉사하는 것의 그 숭고한 가치에 명오가 열렸기 때문에 봉사 활동에 투신하게 되었다고 인정할 수 있다. 젊었을 때는 자신의 앞가림에 분주하고 자녀들 양육하기에 정신없이 지냈으나, 어느 정도 생활이 안정되면서, 자신과 가족의 안녕과 행복만을 염두에 두었던 관점에서 타인들 특히 어려움에 처한 이들을 위한 봉사에 눈뜨게 된 경우가 많으며 이는 다행스럽고 축복받은 것이다.

아울러 인생을 살아가면서 실수나 과오를 피하려면 과욕과 탐욕을 버려야 한다고 말하는데, 그러한 탐욕을 버리거나 적어도 줄일 수 있는 방법이 다양하게 있겠으나, 소견으로는 봉사하는 마음이 중요하다고 사료된다. 타인과 후손을 위해 오늘 나무 한 그루를 심는 마음이라면, 그 보상으로 당장 내 마음이 안정되며, 온갖 욕심이 사그라지기 시작함을 느끼게 될 것이다.

그러니 타인을 위하고 그들을 돕기 위해 봉사하고 헌신한다고 하지만, 정작 수고하는 본인이 오히려 더 큰 기쁨과 보람, 성취감과 자긍심을 맛보며 유익하게 된다. 쉽게 얘기하여 그냥 모르고 떠나보낼 뻔했던, 세상에 태어난 기쁨과 살아 있다는 환희를 제대로 체득하게 되는 것이다.

그동안 갖가지 이유로 거부하고 피해 왔던 봉사에 대한 가치를 특히 고령화 사회라고 하는 현재 시점에 새롭게 명오를 깨달으며, 늦게라도 그 기회를 찾는 제2의 인생을 설계하며 시작할 수 있겠다.

* 영역

30여 년 나름대로 부족한 가운데 봉사하며 살아오면서 분명하게 느끼는 것 중 하나는 신께서 우리 인간의 손가락 하나 어느 마디를 어느 때 무엇 때문에 누구 앞에서 얼마만큼 왜 움직였는지조차 파악하고 관여해 주시며, 앓을까 그릇될까 노심초사 돌봐 주신다는 것을 고백할 수 있다. 같은 맥락에서 진정 그분께서는 우리의 머리카락 숫자까지 알고서 살피신다는 말씀이 실감나게 다가옴을 곧잘 느낀다.

뿐만 아니라 마음속으로 일어난 미세한 생각이나 잠깐 지나간 잔상(殘像)조차도 그분은 다 기억하셨다가 필요한 때 되새겨 주시는 것도 필자 혼자만의 체험이 아닌 것 같다. 곧 그분 전지하심의 영역을 체험한 것이다.

뿐만 아니라 한없이 자비하시다. 세상의 역사에 나타났던 수많은 권력자들은 마치 자신들이 조물주인 양 무소불위의 힘과 통제력을 과시하며, 평범한 일반 국민들을 착취하고 억눌렀다. 무한히 전지전능하신 창조주께서는 오히려 자비가 끝이 없으시며, 우리 피조물을 위해 당신의 영원한 자비를 발휘하시는 데에 당신의 전

66

지전능하심을 아낌없이 사용하고 나눠 주시기까지 하신다. 당신 사랑의 영역에는 경계선과 울타리가 없다.

눈앞에 벌어지는 것에 마음이 빼앗겨 예전에는 미처 잘 몰랐으나 새롭게 깊이 느끼는 것 하나가, 바로 신의 자비하심이다. 그분의 전능하심과 자비하심의 영역이 적당히 크다는 정도가 아니라 무한하다는 것이, 곧 당신의 영광과 능력이 무한하다는 뜻이므로 감사드리지 않을 수 없다. 이것은 마치 어릴 때에는 몰랐으나 나이가 들어 인식 지평이 열리며, 자신의 부친이 약간 여유 있는 정도가 아니라 어마어마한 부호이며, 동시에 대단히 자애롭고 후덕하기까지 하다는 사실을 알게 되었을 때의 느낌이라고나 할까?

한편 사람은 누구나 자유를 추구하는데, 대단히 외람된 표현이지만 당연히 신께도 당신의 자유 의지가 있으시며, 인류 구원을 위하여 그 자유를 당신의 방법으로 구가하실 것이다. 미국의 고명한 어떤 정치인 B가 젊은 시절 사랑하는 아내와 외동딸을 불의의 교통사고로 한꺼번에 잃었다. 그는 너무나 마음이 아파 그분께 계속 원망하였다.

그런데 어느 날 우연히 접한 풍자만화에서 그분의 뜻을 깨달았다. 그 두 컷의 만화에는 첫 장면에서 B처럼 고통받는 이가 하늘을 향해, "왜 저입니까?(Why me?)" 하고 부르짖고 있고, 둘째 장면에서는 하늘 위에서 들려오는 소리로, "왜 안 되는데?(Why not?)"라는 내용이다. 정치인 B는 그 순간 즉시 깨달았다. 그분의 뜻, 그분의 영역, 그분의 섭리가 엄연히 존재한다는 것을 깨닫고 마음을 잡았다.

그 후 그는 그분과의 친밀한 관계 안에서 끔찍이 고통스런 비극을 극복하고 이겨 낼 수 있었으며, 정계 고위직에서 숱한 고비를 극복하고 봉사하면서 후배 정치인들에게도 귀감이 되면서, 최장수 복무한 명인 정치인 중 한 명이 되었다고 한다.

앞서 신의 자유를 기술했는데, 그 자유 영역은 당신 사랑을 펼치기 위하여 설정한 것이다. 곧 자비와 은총을 나눠 주시기 위한 의지라고 하겠다. 이러한 신의 고귀한 뜻이 인간은 세월이 흐른 후 일이 성사되고 난 뒤 자신의 의지보다 훨씬 뛰어났음을 깨닫게 되어, 그분의 자비와 은총을 느끼며 진심 어린 감사와 찬미를 드리게 된다. 그분의 숨은 의지와 영역을 미약하지만 맛보게 되는 것이다.

마찬가지로 봉사자는 곧잘 신이 내린 말씀의 샘에서 진수(眞髓)를 발견하고 깨달았을 때, 지상의 어떤 것과도 비교할 수 없는 희열과 환희를 맛보게 되는 특은을 마음속에 간직하게 된다. 그야말로 주체할 수 없고 거부할 수 없는 은총의 신비 영역을 체득하게 된다. 특권 의식 유혹에 빠져서는 결코 안 되겠지만, 이 같은 체득을 통해 봉사자는 그분과의 끈끈한 관계와 따뜻한 보살핌 같은 것을 느끼게 된다는 사실을 무시할 수 없다.

여기서 따뜻한 보살핌과 자비라 하여 인간의 모든 요청과 기도를 그냥 무조건 허락하신다는 뜻이 아니라, 잘못되고 실수할 것 같은 위험이 있을 때에는 사정없이 엄하게 사랑의 회초리를 전혀 아끼지 않으신다는 뜻도 포함된다. 사실 그분께서는 사랑하시는 자를 견책하시고 아들로 여기시는 자에게 매를 아끼지 않으신다. 그러므로 봉사자는 그분의 특별한 자애(慈愛)와 이끄심에 늘 감사드리며 형제자매를 진정 사랑하는 마음으로 봉사 활동에 임해야 마땅할 것이다.

이처럼 성실하게 준비된 봉사자들은 영적 사랑의 영역 안에서 땅위 어떤 인생도 쉽게 경험할 수 없는 것을 이따금씩 경험할 수 있는데, 그것은 그분과의 친밀감이다. 무엇보다 먼저 그분께서 봉사하도록 불러 주셨고, 그분의 주선(周旋)으로 피조물인 내가 순명하여 오늘의 내가 있게 되었으니, 모든 것은 그분의 섭리와 의지라고 볼 수 있겠다.

역사상으로도 수많은 사람들이 갈망했던 신과의 내밀한 친교를 통해서 많은 힘과 용기를 봉사자는 얻게 되고, 곧잘 상상도 못했던 축복과 은총을 받아 늘 감사드리며 살아가게 된다. 꿈속에서도 그분은 돌보아 주시고 사랑을 퍼부어 주심을 번번이 느끼게 해 준다.

그리하여 어렵게 보이는 일이나 행사가 예정되어 있다 하여도 막상 그날이 되면, 그분께서 도와주셔서 보잘것없는 조촐한 노력에도 커다란 성과를 내도록 하여 당신이 함께 신경 써 주심을 깨닫게 해 주시며, 더 크고 보다 분명한 행복과 보람을 체득할 수 있게끔 당신 영역으로 초대하신다고 고백할 수 있다.

몸담고 있는 공동체와 사회 그룹을 한 차원 진화한 영역으로 더욱 개선시킬 의무가 봉사자들에게는 있다 하겠다. 사실 봉사자들은 더욱더 사회의 발전과 진보의 사명에 모범이 되도록 불림 받고 있다 해도 과언이 아니다.

이웃과 타인에게 요구되는 도움을 주고 삶을 한 차원 진보시키기 위해서는 먼저 자신이 그에 맞갖는 인품과 자질이 갖춰지면 보다 쉬울 것이다. 어떤 면에서 봉사자 자신의 내적인 모습과 수준만큼 그가 추구하거나 몸담고 있는 공동체나 집단도 그렇게 변화될 것이기 때문이다. 이런 점에서 여러 봉사자 및 협력자들의 소명과 책임 역시 고귀하다고 하겠다.

정책과 방향 결정자들의 조언과 이끄심을 통하여 혹은 여러 매체와 자료들을 이용하여 노력하면서 자신의 삶을 되돌아보며 진실하게 성찰하고 더욱 가치 있는 생애가 전개될 수 있도록 봉사자가 힘쓴다면, 한 단계 이상 진화되고 더욱 보람 있으며 내적으로 보다 승화된 삶을 향유할 수 있도록 도움받게 되는 것이다.

이 같은 비가시적 영역을 지향하면서 무슨 일이든 꾸준히 정직하고 성실하게 힘쓴다면, 열 번 찍어 안 넘어 가는 나무 없다는 말처럼, 구하고 청하며 두드리면 내적인 것은 물론 외적으로도 소정의 성과를 얻게 되겠다.

* 은덕

일반 대기업에서 사원이나 입사생을 선발할 때에도 여러 가지 조건과 학력, 능력과 스펙 등을 직간접으로 알아보고 면접까지 한 후에 신중하고 엄격하게 결정한다. 봉사자들을 가만히 보면 그동안 일반 사회에서 만났던 사람들과 좀 다른 은덕들이 발견된다. 분명 봉사자 한 사람, 한 사람이 세파에 덜 물들어(?) 나름 고귀한 모습이 간직되어 있음을 발견하고 절로 호감이 피어나는 경우가 많았다.

과연 예측대로 세월이 훨씬 지나간 오늘날 그들은 더욱 모범적 봉사자가 되어 후진들과 일반 평범한 이들에게도 귀감이 되는 모습으로 열성을 다하며 아름답게 봉사하고 있다. 필자가 초보로서 봉사 활동을 시작한 후 만났던, 과거 젊은 봉사자 때의 그들 겉모습과 생활 모습이 참으로 훌륭하게 보였으며, 선입관일 수도 있겠지만 봉사하는 중에 꾸준히 성실한 사람들은 과연 무엇인가 다르다고 강하게 느낌을 받았다.

마치 바다 안에 사는 물고기는 바다가 얼마나 아름다운지 알지 못한 채 그 속에서 헤엄치며 삶을 구가하는 것과 같다고 할 것이다. 한마디로 위로부터 오는 축복과 은덕과 사랑이 젊은 봉사자들 사이에서 풍성하게 역동적으로 넘치고 있었다는 얘기가 된다.

어떤 자매는 오르간 연주로써 양로원과 종교 기관에서 22년 동안 봉사해 오셨는데 본인은 그것을 커다란 은총, 은덕으로 여기고 있었다. 그녀의 말에 의하면 그 기간 동안 동창이나 지인들 중에는 명을 달리한 이나 중병에 걸려 병원 신세를 지는 이들, 별것 아닌 것으로 이혼하게 된 이들, 남편 사업 실패를 경험한 이들 등등 세파에 힘들어 하는 이들이 많았으나, 자신은 봉사 활동을 하면서, 계속 봉사를 요청받으며 그 조촐한 봉사가 중단되지 않게 하기 위해서도 자신이 보호받고 있음을 어느 날 문득 깨닫게 되었다. 그래서 미흡하지만 자신의 봉사는 큰 은덕이라고 믿는다는 것이다. 어떻게든 계속 봉사할 수 있도록 도와주심을 느낀다는 고백이었다.

게다가 맹자『논어』에 온고이지신(溫故而知新)에 대한 기쁨 이야기가 있듯, 봉사를 통해 새로운 체험과 그 지식을 알아가는 기쁨 역시 빼놓을 수 없는 것으로, 차라리 '열락'이라고 말하고 싶다. 그 흥미, 그 즐거움이 가히 장님이 새롭게 시력을 회복한 것처럼 대단한 환희를 제공해 준다. 배우고 익히면서 감동받는 것은 기본! 무릎을 치면서 기뻐하는 새로운 체험의 세계를 만끽하게 된다.

수학에서 원의 지름이 길어질수록 외부와 맞닿은 원 둘레가 점점 커지는 것을 인용하면서 A. 아인슈타인은 자신이 새로운 것을 알게 될 때마다, 오히려 모르고 있는 범주가 더욱 넓어지는 것을 알게 되었다고 말한 적이 있다.

사실 인간과 삼라만상에 대하여 그 연구 범위와 범주는 가히 무한대에 이른다고 할 것이다. 무한한 지적 태평양에서 봉사자는 인류를 위하여 비록 깊이가 얕다고 하여도, 체험을 통해 얻는 그 지적 날개를 원(願) 없이 널리 펼치며 새로움에 대한 욕구를 채우면서 광활한 수평선을 멀리 바라볼 수 있다는 것, 역시 봉사자로서 누리는 또 다른 은덕이며 축복이라고 하겠다.

우리 인간도 자녀들에 대해서 온갖 사랑과 희생을 제공하면서 기뻐하는데, 사랑 가득하신 조물주께서는 얼마나 당신 자녀들을 사랑의 은덕으로 섭리하시고 보호하시겠는지 생각해 볼 수 있다. 열심한 봉사자들 역시 스스로를 그분께서 특별히 사랑해 주시고 돌봐 주심을 느끼며 살고 있다고 고백한다. 왜냐면 진심 어린 봉사 행위는 그분의 뜻에 부합되기 때문인 것이다.

인간의 삶과 생활 모습은 너무나 다양하고 혼란스러울 정도로 얽힌 관계와 상황 속에서 형성되며 진척된다. 그 가운데서 그분께 의지하는 봉사자는, 역경과 고난의 시련이 밀려오더라도 동요하지 않고 그분의 섭리와 안배(按配)하심의 은덕에 모든 것을 맡기고 용기를 내며 어려움을 극복해 낸다.

가끔은 즉석에서 이해 못 할 어려운 상황이 펼쳐질 수도 있었으나, 적절한 세월과 시간이 흐르고 나면, 때로는 좀 길게 느껴질 수도 있지만, 그분의 역사(役事)하심을 분명하게 느낄 수 있었다. 미천하고 유한한 존재가 그분의 높고 깊은 뜻을 온전히 다 알 수 있다고 하는 것은 언감생심 불가능하지만, 적어도 그 흔적과 발자취는 뒤늦게 깨달을 수 있는 은총이 있었다.

그러니 더욱 감사와 찬미가 절로 나오는 것이며, 나아가 그분의 또 다른 사랑과 안배를 느끼게 되는 선순환이 이뤄지게 된다. 게다가 죄의 유혹이나 부정적 마음보다는 그분께서 기뻐하실 생각과 선행에 더욱 몰입하고 묵상하며 필요시 더 나은 봉사를 위해 고민하고 연구해 보게 되는 것이다.

그런데 가만히 생각해 보니(부끄럽기도 한) 이러한 고백은, 세상이 줄 수 없는 최고의 가치를 그분에게서 체험하고는 세상 가치의 그 유한함과 협소함, 불완전함과 덧없음이 보인다는 것을 인정함을 뜻한다. 그리하여 그분과 함께 남은 생애를 살아갈 수 있게 되는 은덕을 받게 된다. 봉사자로서 꾸준히 성실하게 살아가면서, 생애를 마감할 때 아쉬움과 후회할 바를 줄일 수 있을 것이다.

스스로 신의 보호하심과 자비를 거절하거나 포기하지 않는 한, 그분의 더 큰 사랑과 은덕은 일생 전반에 걸쳐 멈추지 않고 지속되겠다. 왜냐면 그분은 당신을 지향하고 찾는 영혼을 결코 무시하거나 모른 체하지 않으시기 때문이다. 더구나 이웃을 위해 사랑의 마음으로 봉사하는 이들에게 더 큰 사랑을 마련하실 것이다. 이런 점에서 같은 봉사자라도 신앙심이 돈독하다면 금상첨화이며 더없이 큰 은덕이라 할 수 있겠다.

여담이지만, 같은 회사에 새로 입사한 신입 사원이거나, 자녀들이 친구 혹은 장차 배우자가 될 사람이라면서 처음 보는 젊은이를 데려와 인사시킬 때, 만약 그 친구가 어떤 종교든지 신앙심이 있다는 것과 "저는 종교가 없어요. 그런 것 안 믿어요." 하며 답변할 경우, 선배나 부모의 마음은 어떻게 차이가 날까?

전혀 처음 보는 사람이라도 어느 종교든지 신앙을 갖고 있다고 고백하면, 일단 신뢰심이 가지만, 그 반대일 경우에는, 글쎄, 이 친구의 인생관, 우정관, 결혼관, 가치관 등이 어떠할지 염려가 되지 않을 수 없다. 인생 여정에서 힘들고 어려운 때에도 신앙이 있으면 극복하기가 아무래도 쉬우나, 그 반대일 경우에는 어렵게 된다.

그러니 누구에게나 신앙 그 자체가 이미 은덕이 되고 큰 힘이 되는데, 봉사자들에게서야 말할 것도 없다. 봉사 활동에 있어 신앙이 있기에 스스로 자신을 내세우는 어리석음을 범하지 않고 아무런 찬사나 위로를 기대하지 않으며 보다 순수하게 봉사에 전념하게 되어 봉사의 완성도를 드높일 수 있는 것이다.

우리 인생길에 있어 신앙이 제시하는 좋은 점과 그 가치는 세상적인 잣대로 제대로 온전히 측정하기 어려운 것이며 오히려 초라하고 보잘것없는 것으로 보인다. 분명한 것은 세상이 주지 못하는 것을 봉사자들은 특별히 신앙 안에서 더 깊이 고유하게 맛보고 얻을 수 있다는 것이다.

이처럼 고귀한 신앙의 '광장(廣場)' 한가운데서 신(神)과 그 지극

한 사랑의 대상인 인간을 마음껏 흡족하게 연구하고 만나고 체험하며, 봉사까지 하게 되는 것은 큰 축복이며 은덕이라고 세월이 흐를수록 더욱 심오하게 깨닫게 되며 가끔은 환호작약(歡呼雀躍)[11]하게 된다.

가만히 생각해 보면, 사지가 멀쩡하며 정신이 박약하지 않고 지성이 조금이라도 살아 있는 사람이라면, 누구나 법이 정한 테두리 안에서 마음껏 편안함과 안락함, 육신의 향락과 즐거움만을 추구하면서 인생을 낭비하게 되는 유혹에 직면할 수 있다. 그러나 올바른 인생관과 가치관의 매력을 깨달은 사람은, 그러한 유혹을 극복하고 필요하면 인내하면서 진정으로 축복 가득하고, 참된 기쁨과 보람 넘치는 은덕의 생애를 향유하게 될 것이다.

여기에 필요하며 유익한 것으로, 종교적 신앙이 의식 저변에 확고하게 바탕이 되어야 하겠다.[12] 신앙 안에서 비이기적인 봉사 의식이 형성되어 인생관과 가치관을 구체적으로 꽃피우게 되겠다. 결국 인생을 올바르게 나아가도록 하기 위해서는 궁극적으로 신앙의 가치관이, 중단 없는 봉사 활동이 시작되고 추진되도록 중요한 영향을 미치게 하는 것이다.

---

11 기뻐서 크게 소리 지르며 날뜀.
12 그래서 가정교육도 신앙에서 출발해야 한다고들 이구동성으로 말하는 것이다.

* 성숙

전해진 바에 의하면, 대작『레미제라블』을 남긴 빅토르 위고는 생전 곧잘 "인생은 소유하기 위한 것이 아니라, 내어 주기 위한 것이다(Life is not to take, but to give.)."라는 말을 했다고 한다. 어린 아이 때에는 자신을 우선적으로 생각하였으나, 어른이 되고서 보는 시각이 넓어지며 세상을 알아가게 되면서는, 무엇이 가치 있고 의미 있으며 보다 중요한 것인지 깨닫게 되어, 그 대의를 위해 자신을 내어 주기도 하고 희생할 줄도 알게 된다.

바로 이러한 내적 성숙의 지고한 모습 중 하나가 일반 봉사자의 성숙한 삶이라 할 수 있다. 평범한 일반적 인생에서 한 차원 높은 생애를 구가하려 노력하는 가운데 단순하면서도 범상치 않은 삶을 영위하게 되는 것이다. 역사 속에 나타났던 고명한 인물들 역시 자신보다 타인과 인류 공동체를 위해 도움이 되는 행적과 사상을 남겼다고 할 수 있겠다. 이름이 널리 알려지지 않은 가운데 조용히 이타적이며 몰아(沒我)적인 생애를 추구하면서 세상에 빛과 사랑을 선사하고 남기는 삶을 봉사자들은 지향하는 것이다.

어떤 면에서 보면 봉사자들은 아주 소박하게 일생을 살아가는 사람들이라고 할 수 있다. 그들은 하루 일과를 계획하고 찾으며 보다 발전적으로 실행하고 그 후에 되돌아보며 개선해 가는 데 시간을 분주하게 사용하는 사람들이다. 그러니 어떤 이해타산이나 수지 계산을 할 필요가 없이 매일매일 신께서 전개시켜 주시는 나날의 선물에 기쁨과 기대를 간직하며 하루를 시작하고 마감한다.

이런 가운데 봉사자는 각자의 조용하고 소소한 열정을 발휘해 가며, 성취감과 보람을 예비하고 매일 축적해 간다고 할 수 있다. 전체적으로 보면 용기와 희망을 가지고 활동을 진척시켜 가기 때문에, 혹여 크고 작은 장애가 있어도 당황하지 않고 현실을 있는 그대로 받아들이며, 조그마한 열성으로 어려움을 하나둘 극복해 가며 내면과 연륜의 성숙을 지향해 간다.

거의 모든 사람들은 인생을 살아가며 크고 작은 좌절과 실패를 겪는 때가 있다. 뛰어난 인물은 위기와 절망의 순간에 그 위대함이 빛을 발한다고 한다. 아무리 어려운 난관에 봉착하여도 그보다 더 힘든 상황이 아닌 것에 다행이라 생각할 줄 아는 것은 고통의 질곡 속에서도 재기(再起)할 수 있는 용기와 힘을 발휘할 수 있음을 뜻한다고 하겠다.

일상에서는 물론 봉사할 때조차 똑같은 곤경에 처하여도 포기하지 않고 재차 일어날 수 있는 것은 삶의 체험에서 오는 성숙한 자질과 지혜가 있을 때 가능하게 되는 것이다. 오히려 실패를 통해 얻은 교훈으로 인하여 전화위복하며 더욱 커다란 발전의 기틀을 마련하고 보다 성숙하게 되는 경우도 있게 된다.

봉사 활동을 하다 보면, 어느새 마음도 넓어지게 되는데, 가만히 살펴보면 평소의 사회생활 중에 이전보다 더욱 성숙한 마음가짐과 판단력으로 삶을 영위하게 됨을 깨닫는다. 만사가 형통하여 아무런 장애나 어려움이 없을 때에는 누구나 편안한 마음을 가질 수 있겠지만, 힘들고 괴로울 때에도 한층 성숙한 의지와 자세로 더 어려운 상황을 기억하며 낙심하지 않고 다시 일어설 수 있는 것이다.

그리하여 아무리 칠흑 같은 밤처럼 앞이 깜깜할 때에도 봉사에 임하는 마음으로 일단 성숙한 마음을 갖추려 애쓰면, 마음의 평정심을 빨리 회복할 수 있다. 더불어 위기 대처 능력을 유지할 수 있으며, 무엇보다 궁극적으로 위기를 이른 시간에 벗어날 수 있는 힘과 용기를, 나아가 필요한 지혜를 찾을 수 있기 때문이다.

30년 넘게 교회 안에서 미소하나마 봉사하고 섬기도록 노력하며 살아 보니, 그만한 가치가 있음을 체험으로 알게 된다. 이 세상에서부터 이미, 적어도 백 보 양보하여 보더라도, 필자 자신이 저지를 수 있는 양심의 가책되는 일을 줄일 수 있었다. 또한 미래에 후회할지도 모르는 각종 실책과 잘못을, 특히 윤리 도덕적 차원은 물론 나태함이나 안일한 자세를 어느 정도 피할 수 있게 되어, 자연히 마음의 안정과 평화로운 일상을 유지하며 자긍심도 세울 수 있었다.

더불어 이같이 안정된 영적 바탕 위에서 어려운 처지의 사람들에게 보다 가까이 나아가 전폭적으로 사랑과 도움을 제공할 수 있게 되는 보람을 느끼게 된다.

2000년 벽두 뉴욕의 세계무역센터가 무너질 때, 죽어 가던 사람들의 마지막 말은 '사랑한다.'는 말이었으며 사회학자 캄폴로(T. Compolo)는 "모든 인간은 죽을 때에 못다 이룬 업적을 후회하지 않고, 좀 더 사랑하지 못한 것을 후회한다."고 했다. 이처럼 인간에게 궁극적으로 갖는 최대의 관심과 애착은 사랑이라고 하겠다. 봉사자 역시 사람마다 차이는 있겠으나, 궁극적으로는 자기 자신도 잊어버린 채 타인을 위해 사랑을 폭포수처럼 쏟아 붓는 사랑의 화신이라고 할 수 있겠다.

성숙한 봉사자들은 지고한 사랑이 넘쳐나며 사랑의 가치와 그 열락, 그 의미와 희열을 누구보다 잘 알기 때문에 그 흔한 세속적, 피상적, 말초 신경적 애정으로는 사랑의 갈증을 채울 수 없는 사랑의 용광로인 것이다. 그들은 진실한 마음으로 인간을 진지하게 사랑할 줄 아는 성숙한 사람들이다. 이러한 사랑의 마음에서 나오는 봉사직이니 진실한 마음에서 솟아나는 그 열의와 성실함이 얼마나 심오하겠는지 그 한계를 알 수 없다 하겠다.

사람이 무엇을 좋아하는가에 따라 사람의 생애가 결정된다. 주로 재물에 약하거나 중독되면 끝없는 소유욕의 노예가 되고, 육신을 즐기는 것과 향락을 따라 살아가면 대부분의 경우 그 끝은 후회막급과 패망밖에 없고, 권력을 뒤쫓고 추구하다 보면 결국 권력의 시녀가 되어 어느 날 권력의 제물이 되고 마는 것이 역사의 흐름 안에 여러 차례 드러나고 있다. 그러나 참된 가치와 보람을 진실로 사랑하고 찾으면, 반드시 그 보상을 받으며 유종의 미를 거두는 생애가 될 것이다.

우리말에 아름다운 표현이 많이 있는데, 그중 하나가 구가(謳歌)하다라는 말이다. 뜻은 행복한 처지나 기쁜 마음 따위를 거리낌 없이 나타내다이다. 이 낱말은 다음 서술에서 잘 적용된다고 보는데, 광활하고 심오하며 높고 강렬한 시(詩)의 세계 지평에 흠뻑 빠져 인간과 자연의 아름다움과 웅장함 및 그 특성을 시적 표현으로 마음껏 자유로이 '구가하고' 향유하며 기뻐하면서 심취하는 것, 이 또한 역시 하나의 큰 은혜라 하겠다.

인간과 자연을 구가하는 지평은 시의 세계에만 한정되는 것이 아니다. 인간이 탐구하고 추구하며 계발한 것과 자연에 대하여 발견하고 느낀 모든 영역에서 가능하다. 시의 지평에 대해 언급하는 것은 특히 함축적인 표현으로 정교하고 꼼꼼하게 인간과 자연을 잘 드러내 주기 때문이다.

자연을 존중하며 인간의 존엄성, 공동선, 연대성, 공동의 유익을 위해, 적어도 공동체와 조직 전체의 발전을 위해 헌신하고 투신할 줄 아는 성숙한 의지를 봉사자들이 보다 굳건하게 보유한다면, 그들은 봉사의 노고와 수고를 겪으면서도 힘든 줄 모르고 더 큰 보람과 성취감을 얻게 되겠다.

봉사자는 다른 마음 갖지 않고 오직 타인을 위하여 수고하고 헌

신하며, 공동의 선익과 구성원 전체의 행복과 미래를 위하여 힘써
일해야 할 대의와 목표를 견지하고 구현해야 할 것이다. 정녕 세상
에는 미성숙한 사람보다 선하고 존경스러운 성숙한 사람이 다행스
럽게도 훨씬 더 많다. 관건은 그 좋은 점들을 얼마나 더욱 발휘하고
활짝 꽃피울 수 있게 하느냐 하는 것이다. 이것을 분명하게 인지하
고 삶 속에서 구체적으로 실천하게 하는 것이 장대한 성숙 문화, 봉
사 문화의 시작이라 할 수 있다.

지속 … 내면화

인간 내면을 한결같이 우상향으로 꾸준하게 발전시키도
록 영향을 끼치는 것을 과소평가해서는 안 될 것이다.

* 교육

　사형수들은 감옥에서 하루라도 더 살고 싶어 한다. 집행 당일 사형수들은 순순히 나오지 않기 때문에 "00번 면회요!" 하고 불러내어 면회장을 향해 걸어가다가, 갑자기 형장으로 방향을 돌리게 한다고 간수들은 말한다. 이때 어떤 죄수는 주저앉기도 하고 어떤 죄수는 울부짖으며 두 발을 못 옮긴다고 한다.

　대부분의 사형수들은 사형장 출입문 앞에 이르면 일단 한 번 서서, 하늘을 향해 고개를 들고 무학재 고개를 넘어 흰 구름을 쳐다보고 다시 고개를 숙이어 땅을 한 번 쳐다보고는 깊은 한 숨을 내쉬고 형장으로 들어가서 생을 마감한다.

　마지막 죽기 직전에 하늘을 보는 심정은 어떻고, 땅을 보는 심정은 어떨까? 결국 무엇을 바라보고 살아왔는지가 지금 운명을 맞게 한 것은 아닐까? 신은 하늘에 사시고 뱀은 땅을 기어 다닌다. 신은 서로 사랑하라 하시고, 뱀은 돈과 향락이 최고라 말한다.

　이러한 결과에 대하여 첫 원인은 당사자이지만, 그가 몸 담았던 가정의 부모와 사회의 기성세대가 올바른 교육을 지탱해 오며 제공하였다면, 분명 상황은 달라졌을 것이다. 여기서 교육의 중요성과 그 집행의 공의(公義)성[13]이 관건이 되는 것이다. 사실 어느 민족이든 극기봉공(克己奉公)[14]의 정신 문화가 사회 전반에 형성되어 있으면, 그 민족의 앞날과 전망은 밝다고 하겠다.

그러나 당연히 해야 할 납세 의무와 국방·교육 의무를 어떻게든 회피[15]하거나 적당히 하려 하는 사람이 많아지면, 미래가 아닌 바로 그 당시부터 그 민족과 국가는 침몰하는 거선(巨船)으로 전락하게 된다.

평소에도 민족 공동체 전체를 위하여 봉사하거나 나누는 관습과 보편성이 주도적인 문화가 되어 넓게 이루어져 있다면, 인재든 자연재해든 위기의 쓰나미가 동시다발적으로 밀려오더라도 얼마든지 극복할 것이다. 아니 오히려 더욱 단합하여, 마치 어둠이 깊어질수록 등불은 더욱 빛나듯, 훌륭하게 이겨 내며 전화위복으로 거듭나게 된다.

그러나 그 반대의 경우가 되어 봉사자 구하기가 하늘의 별 따기만큼 어려운 세태라면, 이기주의 문화가 만연하게 되고 형법·민법

---

13 공정한 도의.

14 자기 자신의 욕망을 억누르고 나라와 사회를 위해 일함.

15 안타깝게도 근간 보도에 의하면 세계적 최고급 수입 명차를 타고 다니면서 수십억 원의 세금은 체납한 사람들이 밝혀진 것만 580여 명이 되며 그 체납 세금만 해도 3300억 원 이상이 되고, 심지어 가족이나 친지에게 재산을 편법 이전하고 위장 이혼 등을 하며 국세청의 압류 등 강제 징수의 징벌을 피해 다니는 혐의자는 190여 명, 거액 세금을 탈루하면서 최고급 아파트나 호화 주택에서 지내는 이들도 200여 명 이상이 된다고 한다. (참조 Channel A 2022.3.25.)

상 범법자가 많아져 감옥이나 구치소가 부족한 나라로 추락하게 될 것이다. 자연적 자원과 조상으로부터 물려받은 상속 유산이 아무리 많아도, (과거 20세기 중반까지 세계 5위권에 이를 만큼 국부(國富)가 풍성하고 국민 소득도 높았던 나라가, 한순간 말단 후진국으로 떨어져 버렸던 어느 나라처럼) 그러한 나라의 민족과 위상은 나락에 떨어지고 만다.

이런 점에서 봉사 정신은 도덕과 윤리의 관점에서는 물론 일반 사회생활에서도 지고(至高)의 가치를 자아내는 정신적 에너지이며, 범주를 넓혀 푸른 별 지구 위의 모든 민족과 인종에게도 펼쳐가야하고 미래 세대들에게도 보다 굳건하게 물려주어야 할 인류 공공의 정신적 유산이며 기본적 가치관이라 할 것이다.

정치적 관점에서도 국가와 민족을 위하는 진정한 봉사 정신, 봉사 의식을 폐부에 새겨 간직하고 일하는 사람과 그렇지 않고 자신의 명예와 권력만을 탐하며 겉으로만 봉사하는 것인 양 처신하는 사람은 전혀 다른 것이다.

독일 슈뢰더 총리 역시 다음과 같은 말을 하였다. "진정한 정치인은 다음 세대를 위해 투신하지만, 정치꾼은 다음 선거를 위한 모사(謀事)에 투신한다."라고 하며 정치인과 정치꾼을 구분하였다. 결국 진정한 봉사 정신은 정치적 관점뿐 아니라 인간의 모든 활동 영역에서 그 목적과 방향을 어떻게 두는가 하는데 기준이 되어야 할 것이다.

이런 까닭에 가능하면 아동기 이전 어릴 때부터 가까운 친구나 지인에게라도 헌신하는 봉사 정신을 기본 시민 의식 안에 함양되도록 교육하는 것이 필요하다고 본다. 이것은 여러 각종 학원이나 체력 단련 도장에 다니기보다 더 중요하고 필요한 인간 양성 교육의 과정이 된다.

보다 일찍 인생관이 형성되어 가는 시기에 봉사함으로써 얻는 기쁨과 보람을 제대로 배우고 체험하게 되면, 그 학생이 나이 들어 어른이 되어서도 이타적인 인생관을 간직하며 봉사의 가치를 잊지 않고 체험하려 할 것이다.

사람이 봉사 정신을 받아들이며 따르는 사람이 되기 위해서는 훈련이 필요하다고 한다. 헨리 나웬은 자신의 저서 『예수, 내 인생의 의미』에서 discipulus(제자)가 되기 위해서는 discipline(훈련)이 필요하다고 피력한다. 우연한 기회에 참가한 이벤트성 한 번의 체험이거나 성장 과정의 경험상 행하는 일회성 기회가 아니라, 누구나 어떤 처지에서든지 반복적 헌신과 실습으로 봉사의 가치와 의미를 분명히 체득하여 순수하고 사심 없는 봉사 활동의 전문가가 되어야 하는 것이다.

요원한 얘기가 될 수도 있지만, 재물이나 기술, 명예나 권좌에 대한 검은 야심을 키우게만 할 것이 결코 아니다. 옛날 그리스에서 그러하였듯이 어느 사회에서나, 젊은 세대부터 올바른 인격이 형성되고 진정 바람직한 인간이 될 수 있는 필요한 요소, 지성, 감정, 의지를 넘어 특히 봉사 정신의 덕망과 소양을 양성해 갈 수 있도록 사회적 교육 분위기 및 상황이 긴요하다 하겠다.

시대가 인물을 낳으며 모든 사람은 그 시대의 크고 작은 총아(寵兒)라고 한다. 시대 상황과 시류 경향이 당대의 사람들과 문화를 만든다. 정신적이며 형이상학적인 가치와 목표를 향하여 봉사하며 노력하는 교육 문화의 장이 주도적으로 형성되면 그 만큼 미래의 전망이 밝은 사회가 되고, 그 반대이면 인간의 존엄성과 품위가 위협받으며 추락하는 현상을 피하기 어려워 질 것이다.

* 단순

    이탈리아 르네상스를 가능하게 했던 메디치 가문의 원조 격인 장남 코시모 메디치는 직물업과 금융업 등을 통해 엄청난 재화를 축적하였다. 하지만 그는 평소 검소한 생활과 소탈한 모습으로 살았기에, 당시 사람들로부터 많은 존경과 호감을 얻을 수 있었으며, 마침내 유럽의 학문과 예술을 꽃피우는 데 혁혁한 기여를 하였다.

    누군가의 사치스러움은 다른 많은 사람들이 위화감과 소외감을 느끼게 하며 호감을 갖지 않게 만들고, 넘기 어려운 어떤 벽을 느끼게 한다고 한다. 심지어 그 사치스러운 재화는 가난한 이의 몫을 탈취한 것이라고까지 평가하는 이들도 있다.

    보도된 내용에 의하면 국내의 외제 명품은 다른 나라보다 무조건 가격이 비싸야 잘 팔린다는 망국적 소문이 외국 업체에 알려져 있다. 그것도 국내에 수요가 너무 많아 하나를 주문하면 3개월 이상 기다려야 할 정도이고, 명품에 중독되다시피 하여 대형 백화점 앞에 노숙하거나 오픈 런(open run)을 한다고 한다. 국내의 백화점 진열장에도 눈에 잘 띄는 곳에 외제 물품을 놓고, 구석진 곳에 국내 상품을 배치하거나 아예 자리를 낭비 않도록 치워 버리는 것이 판매 전략이라고 한다.

이 같은 현상과 심리 이면에는, 남이야 굶주리든 헐벗든 상관없이 나만 돋보이면 된다는 끝없는 이기주의, 철저한 배타주의 근성이 같은 민족(동포)에 대해 높은 장벽을 쌓아 둔 것이 아닐까 심히 우려되는 바이다. 뿐만 아니라 전형적인 외화내빈의 천박한 정신 상태라고 할 수 있는 것이 얼마나 내세울 것이 없으면, 입고 있는 옷이나 걸친 가방, 시계, 화장품, 구두 등으로 자신을 내세우며 인정받으려 하는 천(賤)하기 짝이 없는 속 빈 강정이라 하지 않을 수 없다. 분명한 것은 인류 역사의 많은 비극적 현상 이면에는 사치스러움에서 기인된 양극화가 공통된 원인으로 평가된다 하겠다.

20세기의 명사들이라고 할 수 있는 빌 게이츠, 마크 저커버그, 버락 오바마 같은 이들 역시 매일 입어야 하는 의복 같은 소소한 일에 별로 신경을 쓰지 않았다고 한다. 그런 것에 사용할 에너지를 훨씬 중요한 결정과 고민에 집중하려 하였다. 오바마 대통령은 군청색과 회색 정장을 주로 입었으며, 특히 스티브 잡스는 10년 동안 매일 검은색 티셔츠만 입었는데, 그 수가 백 장이었다고 한다.

이처럼 일반 사회에서 분초를 다투며 정신없이 일하시는 분들과 같이 참된 봉사자들도 복장에 대해 신경 써야 할 에너지를 아낀다. 의복 고르기에 사용할 에너지를 더 중요한 것에 보다 집중할 수 있다는 것이 그들의 생활에 큰 장점이 된다고 말한다. 물론 봉사자 모든 분들에게 해당되는 것은 아니겠으나, 많이 분주할 때에 신경 쓰며 고르는 수고 없이 어제 입은 의복을 아무 거리낌 없이 단순히 얼른 입을 수 있을 때에는 가끔 행복을 느낄 때도 있다.

일상생활 가운데는 의복 입는 일 외에도 여러 단순한 행위로 해결되는 것들이 더러 있어 좋고 기쁘게 여긴다. 아마 이런 이유 때문에라도 현자들은 종종 많이 소유하지 말라고 권고하신 것이 아닐까 싶다.

약간 다른 차원이긴 한데, 중국의 주은래 전직 총리 역시 비슷한 사례를 고백했는데, 만약 중요한 안건으로 저녁 식사를 곁들인 회의나 모임이 있다면, 자신은 미리 한 시간 전 간단히 라도 무엇을 좀 먹고 그 일정에 참석한다고 했다. 왜냐면 회의 중 음식 먹는 것에 집중력이 분산되면, 제대로 성과 있는 회의가 되지 않기 때문이라고 했다. 이처럼 진심 어린 순수한 봉사자는 봉사하는 일 이외의 것, 곧 옷이나 음식 등의 외적인 것에 관심을 빼앗기기보다 더 중요한 일에 집중하기를 원한다고 하겠다.

봉사자에게도 기본적 조건인 의식주 문제보다 훨씬 더 중요하고 긴요한 일, 곧 인류를 위한 과업에 더욱 정신과 노력을 집중하는 것이 긴요하며 가치 있는 일이라고 사려되는 것이다. 그러니 누구에게나 같은 한 시간이라도, 봉사자들에게는 더욱 가치 있는 한 시간이 될 수 있다고 감히 생각해 본다.

삶의 외적 스타일은 단순하지만, 곁에서 보는 봉사자들에게서 분명히 아름답고 좋으며 강한 이끌림과 호감을 느끼지 않을 수 없다고 할 수 있다. 생각과 사고방식 등 인간으로서 부족한 점이 있어도, 그 약점까지 아름답고 곱게 보이며, 아직 내가 모르는 어떤 이유가 있는 약점일 것이라는 추측으로 마냥 좋게만 보인다. 때로는 필자 혼자만의 상상일 수 있겠으나, 그들의 분명한 약점조차도 욕심 없이 살아가는, 생활의 단순함 때문에 좋은 장점으로 또는 본받고 싶은 포인트의 하나로 보이는 것이 사실이다.

인간에게는 다양한 생애와 소명(召命, 라틴 vocatio, 불리움)이 있다. 남녀노소, 유아부터 어린이, 청소년, 청년, 장년, 중년, 노년의 남녀 모두와 함께 만나고 대화하고 의견을 주고받으며 인간 삶의 다양한 모습에 개입하여 생로병사, 희로애락, 생사고락 등 인생의 특히 중요 부분에 긴밀히 함께하는 사람들이 바로 봉사자들이다. 어느 한 분야에만 한정되는 것이 아니라, 인간 삶의 여러 다양한 요소들 안에서 어떻게든 도움을 주려고 하며 생을 내어 주는 삶이 바로 봉사자들의 모습이라고 할 수 있겠다.

여기에 덧붙여 봉사자(및 협력자)들은 여러 다양한 종류의 생애와 함께 또 다른 고유한 보람과 결실도 맛보게 되거나 성취하게 되는 은혜를 위(上)로부터[16] 받게 된다 할 수 있다. 이런 가운데 세상의 비리와 어둠을 보면서 탓하기보다는 먼저 자신이 조그만 등불이 되고 세상의 다리가 되어 미소한 소금과 빛이 될 수 있기를 바라는 소박하고 단순한 마음이 대부분 존경받는 봉사자들 마음이라

16 '하늘로부터'라는 뜻.

할 것이다.

외모지상주의에 빠져 있다고 비난받는 우리의 현 상황에서, 좀 더 실용적인 면과 진정 귀중한 것을 놓치지 않으려 노력하는 것이 필요하다고 본다. 봉사자의 단순성에서 많은 에너지가 분출되어 중요한 것에 역량을 집중할 수 있듯이, 평범한 이들 역시 실속 없는 겉치레의 유혹과 실수에 빠지지 않고, 진정 필요하고 요긴한 일에 온 마음과 힘을 모아 지속적으로 추진하면, 예상보다 더 큰 결실을 얻을 수 있을 것이다.[17] 이러한 사고방식이 실현되지 않으니, 오랜 세월이 흘러도 발전과 번영이 여전히 요원하게 되는 것이라고 해도 지나치지 않다.

---

17 단순한 생활에서 부수적으로 얻어지는 효과로서 지출 절감도 있다. 후진국에서 부정부패와 뇌물 사건의 목적은 국민의 혈세로써 이기적인 안락함과 사치한 삶을 추구하는 것이라 하겠다. 이 때문에 국민의 피와 땀인 국가 예산을 눈 먼 돈처럼 아무런 결실 없이 낭비한다. 이것은 묵과할 수 없는 일이다. 국고를 집행하는 국가기관은 더욱 국민 혈세를 최대한 절약하며 효과의 극대화를 위해 특히 상위 공무 집행자들에게 있어 절약을 힘써야 우리나라를 모범 국가의 전통으로 후손에게 물려줄 수 있을 것이다. 단순한 삶의 양식은 물론 국고 제반 지출을 보다 고민해야 하겠다.

이런 점에서 언론 매체의 사회적, 국가적 비판 기능 및 대안 모색 기능도 예리하고 정교하게 활성화되어야 하며 국민 의식 수준을 더욱 고양시키면서 국민적 신망도 잃지 않아야 할 것이다.

* 매력

인류가 문자를 사용한 이후 가장 많이 인용된 서적 역시 단연 바이블이라고 하는데, 그래서인지 미국의 타임 잡지를 비롯한 많은 매체에서 인용되고 기술되는 것이 성경 구절이다. 그러면 성경이 가장 많이 인용된 이유는 무엇일까? 그것은 성경 말씀 안에 사람이 일생을 살아가면서 찾는 정도(正道)와 지혜, 격려와 위안뿐 아니라 영원한 생명과 궁극적 최상의 복락으로 나아가는 매력적인 길이 보이기 때문이다.

진정 성경은 온 인류가 찾던 보고(寶庫)이다. 원하는 이는 이 귀중한 보화를 매일 공들이지 않고도 맛보거나 마음속에 간직할 수 있으며, 수박 겉핥기식의 표피적 이해나 해석이 아니라, 작가 정신의 이해 곧 최초 말씀하신 신(神)의 심중 의도에까지 이르도록 연구하고 접할 수 있다. 그분께서 당신을 더욱 사랑하고자 하는 이들에게 얼마든지 당신 사랑의 샘물을 맛보고 퍼 갈수 있도록 해 주신 것이라 하겠다.

언뜻 세상의 감각으로 보면 성경은 지루하고 재미없으며 생동감 없는 일이라고 치부할지 모른다. 그러나 성경이 주는 그 깊은 이치와 심오한 진리는, 하느님의 말씀이기 때문에 지상의 그 어떤 것과도 대체할 수 없으며, 어디에서도 체감(體感)할 수 없는 신비한 진리와 이치가 발견되기를 기다리고 있는 것이다. 궁극적으로 성경의 심오한 뜻과 그 깊은 의미는 매력적이며 사람을 사로잡고 몰입하게 만든다.

사실 원저자라 할 수 있는 그분께서는 학식 높은 어르신이 아니라도 명오가 열린 어린 아이들이나 그저 평범한 장삼이사(張三李四)[18]의 보통 사람들이라면 누구라도 당신 말씀을 듣고 깨달아 새롭게 태어나도록 해 주신다. 이러한 성경을 전문가들로부터 체계적으로 성경 행간(行間)과 저변의 숨어 있는 의미와 가르침을 뜻있는 자는 어렵지 않게 깨달아 더 많이 더욱 깊이 신의 사랑과 자비, 봉사와 헌신을 발견할 수 있다.

이 같은 성경의 가르침과 말씀은 인류 역사 안에 이타적 가치관과 그 비전이 형성되게 하여 인류 역사 안에 훌륭한 지도자들을 많이 배출하게 하였다. 그야말로 약육강식 어둠의 역사 안에 빛을 선사하여, 모든 사람에게서 신의 모습·모상(image of God)을 찾아내어 고유한 존엄성과 천부적 인권에 눈뜨게 하였다.

이러한 인식의 바탕 위에, 만일 인류 역사에 모든 인류를 위한 과제가 있다면, 존엄성과 인권을 최대한 진화시키는 것이라 하겠다. 이 과제에 기여하는 것이 바로 사회 구성원 모두의 크고 작은 봉사

---

18 이름이나 신분이 특별하지 아니한 평범한 사람들.

행위라고 할 수 있다. 이런 점에서 봉사의 목표이며 그 궁극적 결실은 가정과 사회, 국가와 민족, 모든 인류의 인권과 존엄성의 발전과 성숙에 기여할 수 있어야 하는 것이다.

한편 현대 사회 안에서 리더급 책임자들 역시 앞서 피력한 것처럼, 진정 유익하고 매력적인 가치와 바람직한 덕망을 기본으로 갖추고 맡은 책임을 완수하려 힘쓴다면, 우리 사회가 보다 나은 인권과 존엄성의 시대를 열 수 있겠다. 결국 지도자급 인사들이 먼저 솔선수범하면서 매력적이며 고등한 가치를 알고 추구하려 노력하면, 그렇지 않은 경우보다 훨씬 발전한 직장과 가정이 형성될 것이라 믿는다.

현대에 와서 많이 거론되고 있는 지도자급 고위층이 지켜야 할 도덕적 책무 역시 근본적으로 숭고한 봉사 정신이 있어야 가능한 것이다. 즉 아무리 오랜 귀족 혈통이든, 앞 세대가 뛰어난 업적을 남긴 후손이든, 국가에 엄청난 세금을 납세하는 부호이든, 외침을 물리친 애국적 가문이든 관계없이 기본적으로 희생하며 이행해야 할 의무에 소홀하지 않는 의식, 나아가 기저(基底) 의식으로 굳건한 봉사 의식과 뚜렷하고 확고한 헌신 정신이 갖춰져 있어야 가능하다.

이민 온 다양한 민족들이 야기하는 어려움을 극복하고 통합하여, 갓 태어난 신생 독립국에서 짧은 시간에 초강대국으로 미국이 발전하는 데는 이른바 상류 계층 사람들이 먼저 (성경에서 가르치는 사랑에서 우러나오는) 봉사·헌신·희생하는 모습을 보인 것이 하나의 중요한 요건이었다.

초대 대통령 J. 워싱턴부터, 독립 전쟁 승리 직후 군 전체의 뜻이라며 왕위에 등극하라는 직속 부하의 제안에 단호히 거절하였다. 임기가 정해진 대통령제를 정립하여 때가 되자 주저 없이 낙향하였으며, 시도어 루즈벨트 대통령은 1차 대전에 아들 셋을 참전시켜 막내는 프랑스에서 전사했다는 통보를 받았고 다른 두 아들도 군인으로서 생을 마감하였다. 록펠러와 카네기 같은 대갑부들 역시 미국 사회와 빈민층에 많은 거금을 희사하며 기업 이익의 사회 환원을 단행하였다.[19] 이러한 것이 참된 리더의 진정한 매력이라 하겠다.

필자가 알고 있는 어떤 분은 우리나라에서 명문 중의 명문 대학을 졸업하고 사제의 길에 들어선 사람도 있는데, 평범한 젊은이로서 조숙한 느낌이 드는 것이 사실이나 진·선·미 최고의 가치에 동년배 또래들보다 먼저 눈을 뜨고 그 가치를 깨달았기 때문이라 하겠다.

그는 평소 갈망했던 대로 만족스러운 삶을 영위하며 타고난 고급 지능으로 인간 복지를 위해 지혜롭게 프로젝트를 계획하여 추

---

19 많은 연설문과 여러 견해 발표 끝에 습관처럼 되뇌이는 "신의 축복을 기원한다. (God bless~)"는 것이 바로 지도자들의 공동체 의식과 순수한 이타적 희생정신의 정립으로 드러난 것이 아닐까 사료된다. 신의 축복을 기원하면서 사리사욕을 탐하기는 모순되기 때문일 것이다.

진하는 것이 보기에도 좋을 뿐 아니라 다른 이들에게도 큰 귀감이 되고 있다. 그러면서도 예의 바르고 겸손한 자태를 보일 때에는 대단한 매력을 발산하고 있음을 감지할 수 있다.

분명 이것은 인위적이거나 인간 개인의 영역을 벗어나 인간적 이해타산의 경계를 초월하는 초자연적인 영향과 손길의 섭리가 있었기에 가능한 것임을 알 수 있다. 이러한 특은을 입은 당사자는 스스로 억제하거나 감추려 하여도, 낭중지추(囊中之錐)[20]라는 말처럼 스스로 발산하는 신비스런 매력이 빛날 수밖에 없다고 하겠다.

또 어떤 청년은 서울의 최상위 명문 법대를 나온 후 신학교를 가게 되었다. 신자가 아니었던 그의 부친은 극구 반대를 했다. 학교 성적도 나쁘지 않아 얼마든지 판검사가 될 수 있는 아들이 그 길을 마다하니 너무나 안타까워, 야단도 치고 달래기도 여러 번 하였다.

그러나 자식 이기는 부모 없다고, 할 수 없이 아들 원하는 대로 허락을 해 주었다. 게다가 아들이 사제가 되겠다고 하니, 할 수 없이 부친도 성당에서 세례 성사를 받고 신자가 되었다. 마침내 사제 서품을 받게 되자, 부친은 아주 호의적으로 변하면서, 이렇게 말했다고 한다. "판검사는 사람들에게 징역 기간 선고(宣告)나 벌금 부과 등 괴로운 말을 해야 하지만, 사제는 사람들에게 축복과 은총을 중재해 주니까, 나름대로 좋은 점도 있구나."

그렇다. 진실하며 성실한 봉사자는 모든 사람들을 선함과 행복

---

20 주머니 속의 송곳처럼 재능이 두드러지게 드러남.

의 길로 인도하고, 어렵고 힘들어 하는 사람들을 도와주어 일어설 수 있도록 하는 매력을 향유하고 있다. 그러므로 오늘날처럼 앞날을 예측하기 어렵고 불확실성이 팽배하며 가치관이 흔들리는 혼란스런 시대에 봉사자는 어느 길로 가는 것이 진정 행복과 구원의 길로 가는 길인지 가르쳐 주며 제시하고 있으니, 시대의 등댓불이라 하겠다.

그 위에 여호첨익(如虎添翼)[21]인 듯 자애 넘치는 사랑으로, 모든 이를 한 사람씩 후회 없는 길을 가도록 사랑과 생명의 빛을 비추어 주는, 길게 엮어진 '매력 덩굴'이라 하여도 과언이 아니겠다.

특별하거나 위대한 일이 아니라 하여도 평범한 일에 수고하는 일반 봉사자 역시 누구나 충분히 매력이 넘친다고 할 수 있다. 단지 봉사하는 일에 눈뜨고 그 규모에 관계없이 헌신하는 그 이유만으로 봉사자는 주위 사람들을 편안하게 하며 관계를 가깝게 만들고 함께 머물며 동행하고 싶은 사람으로 느끼게 한다. 자신의 시간을 쪼개 가며 어떻게든 도움이 필요한 이들에게 봉사하려 하는 모습은, 참으로 아름다운 모습으로 '매력 줄기'라고 하겠다.

메마른 가슴으로 바라보아도 매력적인데, 사랑과 자비 많으신 신의 시선에서야 당연히 환희 반사체, 매력 발광체로 보일 것이다. 누구든지 그분의 은총과 축복으로 기인된 이 같은 '매력 덩굴'을 잘 유지하고 간직하여 항구히 지속적으로 성장시켜 가야 할 것이다.

---

21 호랑이에게 날개를 달아 주는 것과 같이 더 좋아짐.

* 미래

김형석 명예 교수는 『100세 인생』이라는 글에서 다음과 같이 기술하였다. '나이가 드니까 나 자신과 내 소유를 위해 살았던 것은 다 없어진다. 남을 위해 살았던 것만이 보람으로 남는다.' 짐작하건 데 생의 마지막 노년기에 이기적으로 살았던 모든 것은 소용없고 가치 없는 것으로 느껴지고, 비이기적으로 추구하며 살았던 것만 이 가치 있고 의미 있는 것으로 자존감을 북돋워 주는 것 같다.

인간이 온갖 고차원의 과학 기술 문명을 발명할 수 있는 것 못지 않게, 영적으로도 엄청나게 성숙해 갈 수 있음은 또 하나의 새로운 경이로움이며 은총이라 하겠다. 이런 관점에서 어디선가 본 다음과 같은, 자성하는 의미의 질문을 던지게 되는 것이다. "노후 내내 그리워할 눈부신 현재의 젊은 나날들이 시계추와 함께 나 혼자만을 위해 흘러가고 있게 할 것인가?"

욕심 많은 필자로서는 땅 위의 거동할 수 있는 사람이라면, 누구나 봉사 정신, 봉사 의식을 많든 적든 사고(思考) 저변에 늘 기본으로 간직하며, 역사의식을 가지고 미래를 계획하고 활동하기를 소망해 본다. 심지어 치열한 경쟁 무대에서도 훗날 보다 많은 다수의 유익과 행복을 위하여 힘쓰고 투자하고 연구한다면 보다 존경받고 신망을 얻는 개인이나 기업, 회사가 되지 않겠는가 예상해 본다.

사실 봉사 행위는 현재를 위한 것이기도 하지만, 보다 나은 미래를 염두에 두거나 전제한다. 봉사 문화가 그 종류와 정도가 장차 다양하게 넓고 깊어질수록 인류 역사와 세계 문화는 더욱 소망스런 방향으로 나아가게 될 것이며, 봉사 주역들은 후손들에게도 보다 자랑스러운 선조들이 될 수 있을 것이다.

적절한 사례가 아닐 수도 있겠으나, 예컨대, 20세기 최고의 물리학자 중 한 사람인 앨버트 아인슈타인의 경우, 스스로 정치인도 아니고 외교관이나 역사학자도 아닌 그가 미국으로 이주하여 그냥 개인의 사리사욕만 적당히 추구하며 조용히 안락하게 살 수 있었다.

그렇지만 그는 가만히 있거나 누군가 대신할 것이라며 침묵하지 않고 인류의 미래를 염려하며 루즈벨트 대통령에게 원자핵 분열을 이용한 폭탄을 추축국 독일보다 먼저 개발해야 한다고 강력하게 설득하여, 이른바 맨해튼 프로젝트를 실행하여 결국 연합국의 승리에 크게 기여하였다.

개인이나 기업에게 중요한 것은 공동체 및 조직을 위해 공헌하고자 하는 봉사 의식, 봉사 정신이 얼마나 투철한가이다. 그 강도에 따라 개인과 기업의 미래가 좌우된다고 해도 과언이 아니겠다. 이러한 경향이 더욱 보편화되면, 다양한 영역의 전문가들이 무상으로 사회적 약자와 소외된 이들을 돕는 봉사로서 프로 보노(pro bono)[22] 활동이 활성화될 것이다.

신은 우리 각자에게 고유하고 독특한 방식으로 한 사람씩 사랑을 베푸시며 나아가 공동체 전체가 사랑의 공동체가 되도록 하신다고 하겠다. 진정한 봉사자 역시 그분에게서 사랑과 자비를 풍성히 받으며 타인에게 그 사랑과 자비를 나눠 주게 되는 것이다. 중요한 점은 그분에게서 거저 받은 사랑을 역시 거저 나눌 준비와 그런 여유를 분명하게 가지고 인생을 살아가는지, 아니면 자신의 발전과 복리만을 이기적으로 추구하며 마음의 창을 닫고 있지나 않는지 늘 깨어 살펴볼 일이다.

이 같은 활동과 봉사의 도움 및 혜택이 많아져 다방면에 골고루 펼쳐질 때, 그 사회와 공동체는 미래에 그만큼 성숙하고 애민 정신이 넘치며 더욱 살맛 나는 모습으로 변화되어 간다고 할 수 있겠다. 이리하여 무엇이든 과거보다 미소하여도 보다 나은 세상을 후손에게 물려주는 것. 이것이 봉사자 각자 느낄 수 있는 보람이며 다른 사람들에게도 귀감이 될 수 있는 보다 가치 있는 인생이라 할 수 있지 않겠는가?

한편 봉사 정신의 심화 및 승화(昇華) 단계는 그냥 쉽고 편하게 이뤄지는 것이 아니고 대부분 실패와 좌절의 순간을 지나면서 경험한다고 본다. A. 링컨은 청년 시기에 우체국 직원, 뱃사공, 가게 점원, 토지 측량가, 프로레슬러, 변호사 등 다양한 일에 종사하면서

---

22 '공공의 이익을 위한 무료 봉사'라는 뜻으로 생활의 여러 방면에서 전문적인 지식이나 서비스를 공익 차원에서 무료로 제공.

온갖 고생을 하였다. 그의 정식 교육은 약 18개월 동안 여러 명의 순회 교사로부터 수업을 들은 것이 전부였다. 또한 자신의 정치 경력에서만 무려 8번이나 낙선의 고배를 마셨다.

그러나 59세에 마침내 미국 대통령에 당선되는데, 어떤 사람이 "당신의 놀라운 성공의 비결은 무엇입니까?"라고 질문하자 링컨은 "나는 다른 사람들보다 더 많이 실패했기 때문이다."라고 말했다고 한다.

사실 신은 때때로 신앙의 길에서 우리를 더욱 굳건히 양육하기 위해 어둠의 터널을 허락하시는 경우도 있다. 인류 역사에 나타난 걸출한 성인들과 영웅호걸들이 고백하듯, 그들은 짙은 어둠의 터널을 체험하였다. 그들은 모든 역경과 절망을 극복하여 더욱 성장하고, 결국 그분의 축복과 위안을 훨씬 많이 받게 되었다.

우리말에도 호사다마(好事多魔)[23]라고 하듯, 좋고 선한 일을 하려는데, 어떤 위로와 기쁨도 못 느끼며, 아주 괴로운 때가 있을 수 있다. 이 같은 어둠의 터널을 버티고 지나오면, 욥기 후반부처럼 더 큰 은총과 자비가 허락되거나 적어도 깊은 평화와 안정을 체험하게 된다. 많은 성인들이 그러했듯, 우리도 기도와 자기 봉헌으로써 어둠의 터널을 통과하며 이겨 낼 수 있게 될 것이다.

상기한 시련과 고통을 지나면서 봉사자는 후대의 장래를 위해 씨앗을 뿌리는 기능도 수행하게 된다. 어쩌면 바로 그 씨앗이 되고

23 좋은 일에는 어려움이 많이 따라옴.

한 알의 밀알로 역할이 진화하여 고통과 희생을 겪어야 하는 경우도 있는 것이다. 또한 미래에 받게 될 다양한 도전과 시련을 이겨내기 위해서도 과정상 크고 작은 성장통은 필요하다고 본다. 그러나 다행하게도 신께서는 우리가 견딜 만한 또 미래에 필요할 만큼의 희생과 십자가만을 허락해 주신다.

선한 목적과 의도를 지향하며 진실한 마음으로 기꺼이 감수하는 희생과 노고는 결코 실망시키지 않으며, 선한 땀방울은 거짓말하지 않는다. 모든 것을 알고 계시는 공의로우신 그분께서 결코 모른 체하지 않으실 것이기 때문이다.

봉사의 시작은 타인과 공동체를 위하는 마음이 있어야 하는데, 봉사자는 여기서 진일보하여 장차 태어날 후세대 사람들을 위하여 오늘 봉사 차원에서 할 수 있는 또는 해야 될 일이나 미래에 필요한 것들도 남모르게 고민하고 연구하기도 한다.

다시 말해서 대다수 현대인들이 당대 현재에 도움이 필요한 이들을 위하는 마음이 많다면, 그 가운데 특히 성실한 봉사자들은 이들뿐 아니라 후손들 역시 현재 상황 보다 더욱 나은 세상에서의 삶을 영위하도록 여러 정신적 관점과 정화되고 세련된 다양한 가치관을 연구하고 고민하며 남기려 노력한다고 하겠다.

봉사 활동을 하면서, 봉사자는 다양한 인생 군상을 만나며 폭 넓은 인간관과 세계관을 형성하고 물론 그에 따른 보람도 느끼게 된다. 그러나 내외적 원인으로 봉사 정신을 약화시키거나 헌신하고

자 하는 마음을 방해하는 나약한 모습이 어쩔 수 없이 나타날 수도 있다. 이런 가운데 보다 성숙해야 하는 여지가 많은 분들도 만나게 되어, 특별한 자비와 사랑을 주어야 할 경우도 적지 않다. 어쩌면 바로 이런 분들을 도와주며 사랑하라고 신께서 마찬가지로 허물 있고 유한한 인간을 필요한 봉사 일꾼으로 뽑아 주셨다고 깨닫게 되며, 미래를 준비하게 한다고 할 것이다.

예상 밖의 어려운 상황을 예방 주사 차원으로 미리 예견하고 있으면, 미래에 막상 그런 사태가 발생하더라도 어렵지 않게 극복하고 더욱 굳건하게 흔들림 없이 정진할 수 있는 것이다. 이런 때에 오히려 더욱 적극적이고 도전적인 용기를 가지고 봉사 의욕을 진작시켜 가야 하겠다.

그러한 노력과 수고는 당시에는 힘들게 느껴질 수 있으나, 지나고 보면 다행스러움을 넘어, 하나의 귀중한 은총으로 느껴지며 스스로도 진정 탁월한 결심이며 선택이었다고 자신을 대견스레 생각하게 되고 예상 밖의 커다란 보람도 훗날 체험하게 될 것이다.

희열 … 기쁨의 탄생

인생길에서 느끼게 되는 기쁨과 즐거움은 어디서 기인하며, 이에 대한 적합한 반응은 어떤 것일까?

* 의미

　우리가 가장 값지게 시간을 사용하는 방법 중 하나는 자기 자신보다 다른 이를 위해 봉사하며 사용하는 것이 아닐까 싶다. 특히 여러 가지로 어려움을 겪고 있으며 소외당한 이들에게 더욱 도움을 주려고 한다면 더 보람 있고 의미 있는 값진 경험이 되겠다. 인간 생애를 나타내는 '삶'이라는 표현은 '사름'에서 기원한 말이라고 한다. '사름'은 사르다의 명사형이며, 사르다의 뜻은 '불에 태워 없애다'이다. 곧 어떤 것을 남김없이 존재가 다할 때까지 사용해 버린다라는 의미라고 한다.

　그러니 삶, 인생은 무언가를 위해 자신을 태워 사르는 희생하는 것이라는 말이다. 무언가를 위해 내 존재가 온전히 사라짐으로써 의미·보람을 얻거나, 넓게 보아 세상에 온 이유 또는 존재 목적을 이루는 것이 삶이라는 것이다.

　누군가 이런 말을 하였다. "인간은 의미를 먹고사는 존재이다." 공감이 간다. 인간은 어떤 의미를 찾는 존재라고 하겠는데, 이 의미는 가치를 나타낸다고 할 수 있다. 가치라고 하여 물질적, 금전적 액수의 정도에 한정되지 않고 비물질적, 비금전적 값어치까지 포함되는 것이다. 바로 여기서 필자는 의미를 어떠한 보람으로 대체해도 좋을 듯 여겨진다.

곧 사람은 보람을 느끼고, 보람을 체험하며, 또 그 보람의 값어치를 알고 보람을 기대하고 추구하며 살면서 다시 그 보람을 만들려고 노력하는 존재라고 정의하고 싶다.

비록 당장은 줄 것이 없고 나눌 것도 부족하다 하여도 기회를 기다리며 어떻게든 베풀려고 노력하면, 마침내 실행할 때가 오는 것을 체험할 수 있다. 꼭 필요한 도움을 적절하게 제공하여 상대방이 기뻐하며 고마워할 때에는 함께 큰 기쁨을 느끼게 된다. 특히 어려움에 처한 이들에게 무엇인가 나누고 격려하면서 곤경에서 벗어나도록 할 때에는 진정 큰 의미와 보람을 느끼지 않을 수 없다.

인도의 성녀 마더 데레사 수녀님이 미국을 방문하던 중 어떤 청년이 자신은 세상을 살아갈 의미와 보람을 못 찾기에 죽고 싶다는 말을 하였다. 수녀님은 그에게 인도 캘커타에 와서 3개월만 봉사하고 원하는 대로 하기를 권장하였다. 그 청년은 죽기 전에 마지막으로 그 일을 끝마치고 죽기로 결심하고 인도로 갔다.

그런데 봉사하며 지내던 3개월이 지나자 그 청년은 봉사에 대한 새로운 체험을 하고 세상을 살아가야 할 목적과 이유를 발견했다고 하였다. 사람은 봉사하며 매일을 맞이하는 것과 그렇지 않은 것과는 대단한 차이와 결과를 초래한다고 하겠다. 인간의 또 다른 행복과 기쁨도 진심 어린 봉사 활동 안에서 나오는 것이라 할 수 있겠다.

이처럼 봉사 활동을 통해서 평정심을 되찾고 올바른 정서를 함양하게 되며, 심리적 내구성이 강화된다. 다른 이들을 폄훼하고 불평불만이 많은 마음이라 하여도, 몸을 사용하며 봉사 활동을 하게 될 때, 어느새 자신도 모르게 심리적 안정감을 되찾고 내적 에너지가 축적되며, 크고 작은 잡념으로부터 벗어나, 삶의 새로운 의미를 느낄 수 있다.

이것은 "이웃을 사랑하라."는 것이 결국은 자기 자신의 정신적 안정감과 내적인 힘을 함양하는 데 도움이 되어, 자기 자신을 사랑하게 되는 결과임을 알려 준다. 더구나 원수까지도 용서하라는 말씀은 결국 복수나 증오의 어둠에서 벗어나 빛과 생명 안으로 돌아오게 하는 것으로 이해할 수 있겠다.

전해 들은 어떤 분의 경우 고교 시절에는 대학 가기 위해 공부에 전념하면서 자신이 장차 어떤 일을 하면서 살 것인지, 어떤 직장을 선택할지를 깊게 고민하지 못하였다고 하였다. 그냥 국어 공부가 좋고 문학이 재밌으며 주위에서도 자신에게 국문과를 추천하여 일반 대학에서 국문학을 공부하였다고 한다.

대부분의 문학이 그러하듯 국문학에서 인생을 논하고 삶의 의미를 접하면서, 자신의 어릴 때 꿈이 되살아나게 되었다. 꿈 많은 어린 시절에 읽고 들은 많은 영웅담과 위인들 얘기를 상기하면서, 그 옛날 자신도 이 세상에서 무엇인가 의미 있는 일을 하면서 인생을 살아야 하겠다는 각오와 다짐을 새롭게 깨닫게 되었다.

그러면서 자기도 역사 속 한 위인처럼 사람들에게 큰 도움이 되는 '가치로운' 생애를 생각하던 중 어느 날 미사 중에 사제의 삶도 큰 의미와 보람이 있음을 발견하였다.

그러나 자신의 그러한 생각이 혹시 변할지 모르는 일이고 또 군 복무는 마쳐야 하기 때문에, 군 전역 후 결정하겠다고 생각하였다고 한다. 그런데 군 복무 중 장교로 지냈는데, 시간이 여유 있을 때에는 신심(信心) 서적을 읽었다. 결국 성직에 눈을 뜨게 되고 어디서도 발견 못 하는 보람을 깨달아 전역 후 신학교에 입학하게 되었다고 한다.

사람이 스스로 봉사의 삶을 살기 전에는 자신만의 성곽을 쌓고 그 안에서 이기적 판단 기준으로 주위 모든 것에 대하여 득실을 따져, 크게 보면 유아기 때와 다름없이 소인배처럼 행동할 수 있다. 득이 있으면 어떻게든 쟁취하려 하고 손해가 될 것 같으면, 조금도 관여하려 하지 않으면서 거부하거나 회피하려 하게 된다. 그러나 올바른 마음으로 변화되어 봉사 정신에 눈을 뜨게 되면 습관이 바뀌며 성격도 변화되어 인생 명운의 빛깔 역시 밝은 색으로 변화된다고 하겠다.

봉사의 생활화·문화화를 통해서 떳떳하고 듬직한 자긍심을 간직한 채 정직하게 살아간다면, 일단 정신적 스트레스가 없으니까 신체적으로도 잔병치레 없이 생애를 안정되게 영위할 수 있지 않을까 생각된다. 인생을 살아가면서 숨길 것 없고 감출 것 없이 산다는 것은 대단한 행복이며 축복이다.

이러한 삶은 순수한 봉사 정신과 그 실천에 대한 보상이며 격려라고 할 수 있겠다. 결국 봉사함으로써 삶의 새로운 기쁨과 보람, 의미와 희열을 맛보게 되는 것이다. 이러한 삶은 일반인들 역시 순박한 봉사를 통해 삶의 의미와 보람을 발견하며 체험하게 되고 희열을 느끼며 또 다시 의미 있는 봉사의 길을 찾게 되는 선순환적 생애를 구가하게 한다.

어떤 직장이나 공동체에서 일하는 경우라도, 마땅히 해야 될 역할과 기능은 당연히 해야 되는 것이지만, 한 걸음 더 나아가 요청을 받거나 반드시 누군가는 해야 할 일인데 아직 시작하지 않은 그 일거리를 발견했을 때가 있다. 이때 회사나 공동체 전체를 위한 대의를 위하여 누구라고 할 것 없이 발견한 사람이 먼저 한다면, 사내(社內) 및 공동체 분위기도 좋아져 그런 동료나 지인과 함께 일하거나 봉사한다는 소속감에서 오는 희열을 느끼며 같이 일할 맛이 자연스럽게 생겨난다고 할 수 있겠다.

그런 동료들과는 더불어 있음으로써 더욱 애사심이 강하게 되며 사내(社內) 조직의 일치와 단결이 굳건해질 뿐 아니라, 임직원 모두 각자의 역량을 최대한 발휘하여 회사 혹은 공동체 전체의 발전에 크게 기여하게 될 것이다.

우리 선조들은 부부 사이에 부르는 호칭으로 '임자'라는 말을 곧잘 사용해 왔다. 이는 서로가 서로에게 임자이며 상호 귀속 되어 있다는 의미이다. 진실된 봉사자에게 있어서는 광의적 의미로 신이 바로 각자에 대한 임자라 할 수 있겠다. 이 임자라는 표현의 원래 의미는 주인을 뜻한다.

신의 모습을 지닌 인간으로서 수도자처럼 그분의 뜻과 일치를 이루려 힘쓰는 봉사자의 경우 그분을 자신의 주인님으로 받아들인다는 차원에서는 부적합한 표현이라고만 폄하할 수 없겠다. 부부가 매일 서로 보고 만나니 점차 닮아 가듯 진실한 봉사자도 여러 가지 측면에서 신의 의도와 가르침을 자주 생각하며 실천하다 보면 그분을 차츰 더욱 더 닮아 간다고 해도 지나치지 않겠다.

봉사자는 이렇게 의식 있는 모든 순간을 그분의 섭리에 모든 것을 맡기며, 안으로는 그분을 본받아 더욱 거룩하게 변화되도록 힘쓰고 바깥으로는 진실한 마음으로 사람들을 위하여 봉사함으로써 보다 귀중한 의미를 찾고서 기뻐하며 하루하루 지낼 수 있을 것이다.

* 증여

　여러 가지 장애가 있거나 심지어 중복 장애를 가진 이들조차 될 수 있으면 무엇이든 옆 사람과 나누거나 더 어려운 이들에게 베풀려고 하는 경우가 있다. 그냥 무조건 도움을 받고 보살핌을 얻어야만 한다고 생각하지 않고, 없는 가운데서도 주고자 하는 아름다운 마음을 가진 이들도 있다. 정말 대단한 감동을 선사해 주는 사람들이다. 그들은 다른 이들에게 도움을 주며 무엇이든 증여한다는 것의 가치와 그 감흥을 잘 알고 있었다. 어쩌면 윈스턴 처칠의 말처럼 우리는 얻은 것으로 생계를 꾸리지만, 이웃에게 주는 것으로써 우리 자신의 생애를 만들어 간다고 하겠다.

　미국의 거부 록펠러 역시, 그의 자서전에 의하면, 50대 중반까지 돈만 모으려고 했으며, 다른 이를 위해 돈을 지불한 경우가 없었다. 그런데 우연히 병원에서 가난하여 수술을 받을 수 없던 한 소녀를 만났다. 그때 벽에 걸린 성경 말씀, '주는 것이 받는 것보다 더 행복하다.'라는 글이 눈에 들어오면서, 생전 처음으로 증여를 실천했다고 밝히고 있다. 수술 후 그 소녀는 쾌유되어 퇴원하고서 긴 감사의 편지를 보내 왔다.

록펠러는 그 편지에 큰 감동과 기쁨을 느꼈다. 그 이후 그는 삶이 바뀌게 되고, 나누어 주는 삶으로 99세까지 장수하게 된다. 마음이 닫혀 있던 상태에서 어떻게든 다른 이를 생각하는 마음으로 변화되자 마음과 몸이 편하게 된 것이다.

봉사는 증여 또는 희사(喜捨)와 다른 의미와 가치가 있다. 하지 않은 것보다는 낫겠으나, 아무리 거액을 사회나 교회, 국가나 공동체를 위해 기부했다고 해도, 직접 땀과 먼지를 덮어쓰면서 몸으로 봉사하는 것과는 같지 않다. 다른 이들과 함께 호흡을 맞춰 가며 이타적으로 내어 주는 마음으로 어떤 봉사를 하면, 그냥 금액을 희사했을 때는 맛볼 수 없는 더 큰 보람과 기쁨을 얻게 된다. 봉사 후 커다란 감동 및 희열과 감사로움이 밀려오는 것을 체험하게 되는 것이다. 물론 심신의 건강도 더욱 좋아지는 보너스 선물도 받게 된다. 증여와 함께 봉사도 함께 이뤄지면 좋겠다.

함석헌 선생님은『그 한 사람』이라는 글에서 다음과 같이 기술하였다. '만 리 길 떠나는 날 그 한 사람이 있어서 마음이 든든하다면 좋겠다. 불의가 가득한 이 세상에 그 한 사람이 있기 때문에 희망을 가질 수 있다면 좋겠다.' 우리는 누구나 진실하고 성실한 사람을 필요로 하며 그리워한다. '그 한 사람'은 바로 앞서 언급한 봉사하는 사람들이다.

우리 모두가 각각 이웃들에게 자기 것을 내어 줄 줄 아는 '그 한 사람'이 될 수 있다면 얼마나 좋겠는가? 보다 많은 평범한 사람들이 그렇게 생활하도록 노력하며 살아간다면, 그래서 그런 모습을 보고, 이웃들과 가까운 지인들이 자신들도 타인에게 도움과 희망을 주며 살고 싶다고 한다면 이 세상은 어떻겠는가?

다행스럽게도 자신의 이익만 찾지 않고 타인과 사회를 위하여 선행을 실천하는 분들이 적지 않다. 암 연구와 치료 등에 사용되는 라듐은 노벨상을 받은 퀴리 부부가 발견한 광물이다. 전 세계는 이 라듐의 발견에 찬탄을 보냈다. 그러나 퀴리 부부는 고민에 빠졌다. 천연 라듐 생산 방법을 특허 내면 엄청난 부를 얻을 수 있기 때문이다. 그러나 그들은 라듐 생산 방법을 공개해서 수많은 사람이 암 치료 혜택을 받게 한다.

그들은 이렇게 말한다. "라듐은 신(神)의 것인데 우리가 먼저 발견한 것뿐이다. 그분의 뜻은 이것을 모든 인류의 소유가 되게 하는 것이다." 이런 마음의 퀴리 부부에게 축복과 은혜가 연이어져, 마침내 그들의 딸 이렌 퀴리 역시 노벨 화학상을 받게 되어, 한 가정에 세 사람이 노벨상을 받았다.

또한 미국에서 결혼식을 코앞에 둔 어느 예비 신부에게 갑자기 결혼식이 취소되는 일이 있었다. 충격적인 상황에서 3,400만 원이나 되는 연회 비용을 한 푼도 돌려받을 수 없게 된 것을 알고, 그녀는 피로연을 노숙자들을 위한 파티로 만들 생각을 하게 된다. 인근 노숙자 쉼터에서 노숙자 170명을 초청해 예정대로 파티가 열렸고, 노숙자들은 난생처음 자신들도 초대받을 수 있는 가치 있는 존재라는 걸 느끼며 흐뭇한 순간을 맞이했다.

정장 차림을 하고 밝게 웃으며 노숙자들을 결혼식 하객처럼 정성껏 맞이한 그녀. 끔찍할 뻔했던 순간을 의미 있는 순간으로 바꾼 그녀는 눈부시게 아름다웠다. 사라 커민스라는 이 예비 신부는 비록 자신의 결혼식은 못 했으나 소외된 이를 위한 선행으로 많은 이들에게 감동을 주는 기쁨을 맛보았다.[24]

이러한 증여와 나눔의 삶을 진심으로 추구하며 노력하는 사람들을 생활 주위에서 자세히 찾아보면, 진흙 속에 묻혀 있던 보석 같은 순수한 봉사자들을 만날 수 있다. 분명 그들이 결점 없이 완전한 사람들은 아니지만, 매일 나름대로 마음을 다듬으며 성덕을 키우고 완덕(完德)으로 나아가려 힘쓰는 사람들이다.

그들은 '향나무는 자기를 찍은 도끼에도 향을 묻혀 준다.'[25]는 말처럼, 곤경에 처한 사람을 돕는 것은 물론 미운 사람까지도 용서하고 사랑하며 나아가 그의 행복과 구원을 위하여 희생하고 내어 주며 그런 가운데 희열과 보람을 느끼며 살아갈 수 있는 사람들이다. 하나를 주고 하나를 바라는 것이 아니라 아홉을 주고도 미처 주지 못한 하나 때문에 안타까워하는 사람들이다.

이와 같이 늘 함께하고 싶고 같이 있으면 편안한 사람으로 변화되어가는 사람들이 많아지면 좋겠다. 그들은 궁극적으로 신께 의지

---

24 참조 허프포스트코리아, 2017.7.17.
25 참조 https://blog.naver.com/biridia/222011548260
  화가 조지 루오(1871~1958)의 판화 작품 제목 중 하나.

하며 그분과 더불어 살아간다고 할 수 있지 않을까? 나아가 주위 사람들에게 봉사 활동으로 그분의 육화(肉化)된 모습을 보여 주며 이웃에게 자신을 증여하며 선사하는 역할을 하는 사람들인 것이다.

그래서 그들과 함께 하며 봉사와 도움을 받는 사람들이 마치 신에게서 오는 새로운 힘과 위로를 얻게 되는 듯하여, 설령 인생길에서 실수하여 넘어져도 거듭 재기할 힘을 얻게 되리라 생각한다.

사실 신을 향하고 대다수의 사람들을 위한 건전하고 선한 의도가 있다면, 몇 번의 실수와 좌절을 감내하면서 더 큰 결실을 향해 불굴의 의지로 도전해 가야 할 것이다. 우리 인생살이도 그렇지 않은가? 세상만사 무엇 하나 쉬운 것이 없다. 무슨 일이든 마음과 몸이 동원되고 투신하며 소유물을 나누기까지 해야만, 어떤 조그마한 결실이라도 얻게 된다. 그 과정 중에는 손실과 적자, 실패와 추락, 불안과 절망, 공포와 두려움 등등 심신을 억누르는 것이 한두 가지가 아니다.

이 모든 것을 굳건히 참아 받으며 뚫고 일어서서, 자기 자신이든 물질적인 것이든 희생이나 증여를 실행해야 희망과 보람의 찬란한 수평선이 나타나며, 좋은 결과를 예상할 수 있게 되는 것이다. 여기에 굳건한 확신과 신념을 북돋우는 것이, 성실하게 노력하면 신께서 도와주신다는 강건하고 돈독한 믿음이며 이것은 점진적으로 장차 나타날 여러 다양한 어려움을 극복하는 데 중요한 영향을 미치게 된다.

이러한 좋은 결과가 나오도록 하는 최초의 시작이 누군가의 봉사 또는 증여 행위이다. 아무리 사소하고 별것 아닌 것처럼 여겨지는 봉사나 증여라 하여도 먼 훗날 중요하고 놀라운 예상 밖의 뛰어난 결과를 얻을 수 있다. 이런 점에서 미천하게 보이는 간단하고 미소한 봉사 혹은 증여 행위라도 결코 과소평가해서는 안 될 것이다.

* 감사

누구보다 자기 자신이 제일 중요하다고만 생각했던 이기적인 사람이 어느 날 봉사하는 마음을 가지게 되면, 다른 사람의 어려운 입장이 눈에 들어오면서 시야가 넓어지고, 나무는 물론 광활한 군락도 보이게 된다. 곧 나무 한 그루에 대해 불평하고 원망하던 심경이 사라지고, 그 넓은 수풀에서 한 그루 나무부터라도 건실하게 될 수 있도록 도움을 주고자 힘쓰게 된다.

이것은 마음속에 어둠이 깔려 있었다가 빛으로 다시 채워지는 것이며, 마음이 고와지는 것은 물론 신체 건강도 곁들여 자연스럽게 좋아지며 잔병은 물론 큰 병조차 극복할 수 있도록 면역 체계가 더욱 강화된다.

흥미로운 것 하나는 사실 이기적인 사람보다 이타적인 사람이 건강 상태가 더욱 좋다는 것이다. 쉽게 생각해도 이기적인 사람은 어쩔 수 없이 계속 타인에게 갈 몫이나 유익한 것을 자기에게로 돌리려 하니 늘 신경 쓰고 긴장해야 하는 상황이 된다.

반면 이타적인 사람들은 자기 몫, 유익함 등등에 관심 없고, 좋은 일을 함으로써 얻는 보람과 자존감 등으로 마음이 편안해지고 안정감과 평화를 느끼며 명랑한 성품이 되면서, 몸의 면역력도 더욱 강해지게 된다. 농촌에서 이 집 저 집 농사일을 기쁘게 도와주는 부지런한 농부들에게서 건강하고 장수하는 사람들을 많이 보게 되는 것도 이런 까닭이라 하겠다.

다른 이웃을 돕는다고 하나, 오히려 자기 자신의 건강과 기분이 좋아지고 기력도 회복되는 등등 오히려 소중한 혜택을 받게 된다. 이것은 봉사에 대한 하나의 보상 혹은 상급(賞給)이라 하겠다. 물론 이 세상에서가 아닌 하늘나라에 보화를 저축하며 쌓게 되는 겹경사도 되는 것이다.

만일 어떤 여건에서든 이와 같이 봉사할 수 있다면, 그것은 감사할 일이다. 봉사하기 위해서는 우선 그러한 의지가 있어야 하겠으나, 적어도 우선 신체적 조건이 갖춰져야 하고 시간적 여유도 따라줘야 하며 첫 시도에서는 최소한의 용기도 갖춰져야 하며 공동체나 삶의 터전에서 그러한 동의나 수락이 있어야 가능하다. 의지가 있어도 상기한 조건들이 맞지 않으면, 봉사가 이뤄지지 않을 수도 있다.

미국에서 실제 있었던 일이라고 한다. 같은 고교의 절친한 급우였던 두 소년은 학교 졸업 후 각자의 삶을 살면서, 정반대의 길을 갔다고 한다. 오랜 세월이 흘러 한 소년은 판사가 되었으나, 다른 친구는 악명 높은 조폭의 우두머리가 되었다. 이들은 결국 법정에서 만나 서로를 알아보았고 둘 다 모두 뜨거운 눈물을 흘렸다는 얘기가 있다.

　분명 같은 태양 아래 같은 땅 위에서 동일한 시간을 사용해 오면서, 누구는 대단히 마음 깊은 감사의 시간으로 또 다른 누구는 그렇지 않은 시간으로 인간은 살 수 있다. 그러니 봉사할 수 있다는 것은 여러 조건 위에서 감사로운 시간이라 하지 않을 수 없는 것이다. 많은 여건들이 가능하게 될 때에만, 봉사 현장에 있을 수 있게 되기 때문이다.

　신은 우리 자신보다 우리를 더 잘 세밀하게 파악하며 꿰뚫고 계시고, 우리보다 더 우리 자신에게 가까이 계신다. 이것도 하나의 커다란 감사의 기쁜 소식이 된다. 신체적으로 나의 오장육부, 신진대사, 혈액 순환 등등뿐 아니라 심적 정신적 건강 상태를 포함하여 우리 전체를 오롯이 우리 자신보다 더 잘 아시고, 감사하게도 필요한 것을 필요한 때에 우리에게 자비로이 베풀어 주신다.

　그러면서 신께서는 당신을 사랑할수록 오히려 더욱 많이 당신 사랑을 우리에게 되돌려 주시는 것 같다. '가는 말이 고우면, 오는 말도 곱다.'는 정도를 넘어, 우리 인간이 그분을 사랑하면 할수록, 우리 인간은 더 큰 감사의 마음과 희열을 맛보게 해 주시나 보다.

　복잡다단한 인간 사회의 관계 안에서도 누군가에게 이해타산을 따지지 않고 반대급부에 대한 기대감 없이 호의를 베풀거나 친절과 관심을 보여 주면, 그에 대한 응답으로 또 다른 호의를 보이며 어떻게든 되갚으려 힘쓰는 것이 인지상정이라 하겠다.

우리 부족한 인간도 그러한데, 자비 넘치고 사랑 그 자체이신 조물주께서야 우리 인간에게 선행에 대한 더 큰 보상과 기쁨은 물론 더 큰 자비를 베풀어 주시고, 더욱 그분을 기쁘게 사랑하도록 이끌어 주신다고 하겠다. 곧 우리가 더욱 행복하게 되고 확실히 구원되도록 늘 사랑의 '봉사'를 해 주고 계시는 것이다. 감사드리지 않을 수 없다.

'유레카!' 이것은 아르키메데스가 목욕 중 물을 이용하여 물질의 부피와 구성 요소를 알아내는 법을 깨달으며 외친 말이다. 뜻은 '알았다, 찾았다.'라는 뜻이다. 봉사자로서 세상사에 관하여 탐구하다가 새롭게 중요한 사실과 평소 궁금하거나 몰랐던 이유나 전혀 의외의 진실이나 감춰 있던 진면목을 발견하게 되었을 때, 또는 신의 사랑과 선물, 섭리와 행적을 깨닫게 되었을 때 확실히 체험하게 되는 커다란 기쁨과 감사의 도가니 한 가운데서 마찬가지로 외치고 싶은 말이 유레카라고 할 수 있겠다.

이런 경우에는 보다 분명하게 그분께서 함께하고 계신다는 것, 곧 삶의 여정에 동반해 주고 계신다는 것을 실감하며 그분께 완곡한 표현도 필요 없이 직설적으로 감사하게 된다. "데오 그라씨아스!(신이여 감사합니다!)"라는 감탄이 절로 입에 담기게 되는 순간이다. 이 표현을 빈번히 사용하면 기분도 좋아지고, 사실 무엇이나 그분께 감사하면, (희한하게) 감사할 일이 연이어 또 발생한다는

말을 확실히 실감하게 된다.[26]

　유럽 프리미어 리그 축구 선수들이 어렵게 겨우 골인을 성공한 뒤 이따금 성호를 긋거나 하늘을 우러르며 손을 들어 보이는 행동이 신께 감사한다는 표시이다. 이런 점에서는 봉사 활동에 임하는 사람들이야말로 프리미어 선수들보다 그분께 진정으로 감사할 기회가 훨씬 더 많다고 하겠다.

　봉사자들은 이따금 그분께서 허락해 주시는 새로운 사실이나 가시적 현상 이면에 숨겨져 있던 원인 등을 짐작하게 되면, 또는 봉사함으로써 그분의 사랑이 드러나는 섭리를 깨닫게 되었을 때에, 그러한 은총과 이끄심에 마음 속 깊은 바닥에서부터 감사드리며 큰 기쁨과 에너지를 다시 얻게 된다.

　필자 개인적으로도 이 표현을 원래 표현으로 말하기를 즐기는

26　한번은 첫 영성체(領聖體)반 10세 아동 중 한 명이, 그날따라 기도 암송을 너무 잘하여 교사에게서 칭찬을 받았다. 그 어린이는 너무 기분이 좋아 창문틀을 넘어 나와 두꺼운 비닐로 덮어 둔 공간을 지나 옆 마당으로 가려고 하였다. 그 남자아이는 그 비닐 공간 아래가 보이지 않으니, 아무것도 모르고 그 위를 걸었던 것이다. 결국 그 비닐은 찢어지면서 그 아동은 3미터 아래 지하실 시멘트 바닥 위로 떨어지고 말았다. 엄청난 사고가 발생할 상황이었다.
　다행히 천우신조로 그 아동은 거의 끝까지 건너가서 추락하게 되었으며, 그래서 지하 벽 쪽으로 배치된 1.5미터 레지오 기도함에 먼저 부딪히면서 충격을 반으로 줄이고 지하 바닥에 떨어져 부상을 줄일 수 있게 되었다. 병원에서도 뼈에는 이상이 없다고 하였으며, 다음 날 아침 아이가 구토를 좀 심하게 하는 것 이외에는 찰과상 정도의 상처만 나게 된 것으로 최종 진단되었다.
　비닐이지만 그래도 거의 끝까지 가서 기도함 위에 떨어진 것과 머리와 뼈에 이상이 없다는 사실에 신께 감사드리지 않을 수 없었다.

데, 특히 어디로 여행을 가거나 등산하여 아름다운 자연에 심취하게 될 때 큰 소리로 외치면, 동행인들도 공감하며 한마음이 되는 기쁨도 있다. 중요한 점은 인생을 60여 년 이상 살아오면서 되돌아보면 "데오 그라씨아스!"를 말할 기회가 연륜과 함께 점점 많아졌다.

그분의 자비와 사랑 울타리 안에 여전히 머물면서 그 혜택을 입고 있음에 고마움을 표현하는 것이라고 생각된다. 필자 혼자의 생각이라 할지 모르지만, 어느 서적에서 본 것처럼 신께서는 선행이나 봉사하는 일에 함께해 주시며 도와주시고 당신께서도 자비와 사랑을 베푸시기를 좋아하고 계심을 어렴풋이 느끼게 된다.

더불어 감사하는 마음으로 있으면, 먼저 심리적으로도 안정감을 되찾고 기분이 좋아진다. 이어 혈액 순환도 용이하게 되고 호흡도 편안하게 안정되어 새롭게 뭔가를 행할 수 있는, 아니면 적어도 할 일을 시작할 수 있는 힘과 용기, 희망과 비전 등등 긍정적 에너지가 솟아오르는 것을 체험할 수 있게 된다. 자연히 얼굴 인상도 펴지며 타인에게도 웃는 얼굴로 대할 수 있게 되어 그 화답으로 미소 띤 얼굴을 만나게 되어 일상생활 가운데 활력을 발휘할 수 있게 되는 것을 체득하게 된다.

* 기쁨

봉사자는 인간을 더욱 올바르게 사랑하고 보살펴 주기 위해서는 필요한 것과 상황을 보다 잘 아는 것이 요청되며, 그래서 한 차원 높은 인간관을 갖추고 높고 넓은 마음으로 헌신하도록 요청된다.

봉사자가 어떤 직책을 실제로 맡으면서, 봉사 생활이 즐겁고 기쁘게 진행되어 가는 경우가 대부분이라 하겠다. 분주하게 지내던 한 봉사자는 위 어금니 치아의 치근(齒根)이 갈라져 입천장에 붙은 채 1cm 정도 뻗어 나왔는데, 치과 전문의에게 보여 주니, 통증도 없이 어떻게 천장 쪽으로 갈라졌는지 이해가 안 된다고 했다.

그 친구 말로는 식사 시간도 쫓기면서 바쁘게 일하다 보니, 치근이 갈라지는 줄도 모르고 지내왔다는 것이다. 봉사의 보람과 기쁨을 체험하다 보면, 다른 것이 필요 없을 정도로 큰 행복감과 감사로운 기쁜 마음을 만끽하게 된다고 강조한다.

사람의 마음속은 흔히들 우물 속 열 길보다 더 파악하기 어렵다고 한다. 우리 마음속은 하루에도 열두 번 이상 이랬다 저랬다 하며 오욕칠정이 이글거리고 온갖 불순한 잡념과 비복음적 갈등들이 드나들 수 있는 곳이다. 봉사 하는 이들 역시 인간이기에 매일 하루를 마감하며 행한 일과 전한 말들을 되돌아보면서, 고쳐야 하고 개선해야 하며 발전시켜야 할 것들을 성찰하는 시간을 갖는 것이 바람직하다.

세속의 삶이 항상 부정적인 것은 아니지만, 일반 세속에 푹 빠져 살았다면, 아마도 어쩔 수 없이 어느 날은 불경하거나 불순한 언행으로 점철되었을 법한 하루의 생애가, 봉사자로서 살아가기 때문에 적어도 보다 덜 불경한 생각이나 행위를 하게 되는 것이 아닐까 하는 생각이 감히 든다.

여기서 한 걸음 더 나아가 하루 24시간의 대부분을 헌신적 활동과 이타적 관점의 말씀으로 채울 수 있게끔 노력할 수 있는 기쁨과 축복을 받게 된다. 이러한 기쁨은, 타인을 위해 봉사하는 일반 봉사자들 누구나 하루를 마감하며 조금씩이라도 성찰하게 된다면, 맛볼 수 있는 것이다. 어떻게 보면 받은 탤런트로 성실하고 보다 진지하게 헌신함으로써 보람을 얻게 되며, 투신하고 열의를 쏟은 그 만큼 큰 기쁨이 되돌아오게 된다.

봉사자를 목말라하며 찾고 필요로 하는 이들이 있다는 것은, 여전히 할 일이 많다는 것이며 인생길에 새로운 힘과 의욕을 불러일으키기에 충분하다 하겠다. 바로 이런 축복 속에 봉사의 직분과 소명을, 이왕이면 최대한 보다 정교하고 능숙하게 잘 이행할 수 있도록 늘 준비되어 있는 것은 기쁜 일이다.

이리하여 도움을 필요로 하는 어렵고 힘들게 사는 현대인들을 위하여 더욱 발 벗고 나서서 그들을 도우며 다시 일으켜 주어야 할 것이다. 나의 이 비천한 조건으로 공공 사회 내 어려운 사람들에게 무엇인가 크든 작든 도움이 되고 긍정적인 힘이 되어 선한 결과를 얻게 할 수 있다면, 그것은 퍽 다행스러운 일이라 하겠다.

이와 같은 봉사를 위하여, 봉사자는 필요시 보다 정밀하고 긴요한 해결 방법과 문제의 열쇠를 찾아내고 나름대로 도움을 줄 수 있어야 한다. 여기서 얻게 되는 보람과 희열은 세상 어떤 것보다 크고 깊게 마음을 채워 준다.

아울러 누구나 그렇겠지만 훌륭한 강의를 들었다거나, 지친 영혼을 일깨우며 각성시키는, 대단히 적절하고 참신하게 잘 설명하고 표현한 사상이나 글을 만나게 되면, 영적으로 뿐 아니라 심리적으로도 큰 감흥을 느끼며, 이른바 열락을 체험하는 듯한 경우가 적지 않았음을 고백할 수 있다. 진리와 참된 가치에 눈뜨지 못했다면, 결코 만나지 못할 대단한 감격이며 희열인 것이다.

이런 때에는 신께서 이러한 것을 당신과 함께 맛보고 나누기 위하여 순수하고 소박한 이들 곧 봉사자들을 당신에게로 불러 주신 것이라는 묵상도 지을 수가 없다. 뒤돌아보면 이와 같이 빛나고 행복한 체험들을 제 개인적으로는 인생 초반보다 중반 이후 더욱 많이 느낄 수 있었다.

흐르는 세월의 경륜과 함께 늦게나마 조금씩 철이 들어간다고나 할까? 조촐한 봉사를 시작하면서 우리 인생은 세상에 태어난 보람과 살아 있음의 열락을 연륜과 함께 점차 보다 밀도 있게 체험하게 되며,

나누고 베풀고 희생할 줄 아는 데서 참된 보람과 희열을 느낄 수 있게 된다. 지나가 버린 옛날들을 추억해 보면 인생 초반의 젊은 시기에는 인간에 대한 사랑과 자비를 보다 많이 잘 담을 수 있도록 각 봉사자들 안에 그러한 그릇을 마련하고 준비하는 기간이었다고 여겨진다.

실제 봉사하는 현장에서 새롭게 체험하고 감지하게 되는 영적 심리적 숨결과 감촉은 분명 봉사자들의 영적 진로에 커다란 활력이 되고 이정표와 길잡이가 된다고 하겠다. 봉사 기간 중 체험한 그런 은총은 자신의 영적 여정은 물론 다른 지인들의 정신적 지평에도 안내 표지 역할을 하는 귀감이 될 수 있는 것이다.

봉사자들 스스로도 공동체를 위해 진심으로 공헌하고 봉사할 때 그 전까지 맛볼 수 없던 열락을 명확히 체험할 수 있다고들 한다. 이것은 봉사하는 이들이 평소 직간접으로 느낄 수 있는 것으로서, 봉사 생활 중 확연하게 체감(體感)한 보람과 기쁨은 나이 들어 힘찬 봉사 생활을 그만둔 후에도 잊혀지지 않는 은총으로 남게 된다. 마치 오랫동안 후회 없이 멋있게 군인 생활을 잘 마무리한 장병이 훈장을 받고 전역한 후에도 현역 시절의 군 정복을 장롱 속에 잘 보관하며 볼 때마다 희열 가득한 추억을 느끼는 것과 같다고 하겠다.

하버드 의대 연구진은 마더 데레사 수녀가 가난하게 죽어 가는 사람들을 돌보는 영상을 본 대학생들의 침 속에서 면역 기능이 증가한다는 사실을 발견했다. 이렇게 봉사 활동이나 사랑의 나눔 같은 선행을 실천할 때는 물론이며, 적어도 그와 같은 아름다운 장면을 보는 것만으로도 기쁨과 행복을 느끼며 건강에 유익한 효과를 얻게 된다고 하였다. 이것을 '데레사 효과[27]'라고 부른다고 한다.

나아가 봉사자는 사랑과 자비의 섭리를 깨닫게 되는 것 역시 큰 보람이며 또 하나의 기쁨이다. 흔히 중요한 일이 지나고 난 뒤에 신의 그 섭리를 알 수 있는데, 때로는 오랜 세월이 지난 후 알 수도 있고 혹은 어떤 일이 있은 지 얼마 되지 않아 알 수도 있다. 이런 관점에서 적어도 봉사자는 그분의 섭리와 뜻에 대한 관심을 가지고 살아가면 좋을 것 같다. 그분의 심오한 뜻을 뒤늦게나마 어렴풋이 깨닫게 되었을 때는 커다란 기쁨 속에 감사와 찬미를 드리지 않을 수 없으며 더욱 기쁘게 봉사에 임하게 될 것이다.

결국 궁극적인 봉사 정신과 실천은 아마도 그분에게서 보고 배워야 제대로 익히며 더 큰 기쁨과 보람을 맛보게 될 것으로 사료된다. 자연계의 현란한 다양성과, 대표적 피조물인 인간을 포함하여 그 구성원들의 복합적인 조직과 기능들을 보아도, 얼마나 섬세하고 정교하게 조물주는 당신의 사랑과 의지를 쏟아 부어 삼라만상을 창조하셨는지 인간 지능으로는 다 파악할 수 없다.

그러니 봉사깨나 한다면서 그분을 멀리하고 행할 수는 없다. 자신을 아낌없이 희생하고 타인을 배려하며 완전한 아가페적 사랑을 구현하려, 소소한 일에서부터 진정한 봉사 정신으로 한 걸음씩 나아가야 할 것이다.

---

27 https://blog.naver.com/rosa8769/221725442588

역할 … 귀중한 소명

태초에 행동이 있었다는 말처럼, 인간은 필요에 따라 해야
할 소명이 있다. 진정 유익하고 긴요한 것은 무엇일까?

* 정체성

사람은 흘러가는 세월과 함께 꾸준히 쉼 없이 변화되어 가며, 실제로 어디론가 이동하며 생애를 살아가고 있다. 단지 거주지나 직장에서의 이동뿐 아니라 변화되고 성장 또는 퇴화해 가는 과정 속에 살고 있다. 이러한 여정이 바른길로 가게 되어 모든 것이 후회 없이, 순풍에 돛 단 듯이 흘러가면 만사형통이겠으나 우리 인생길은 모두 그런 것은 아니며, 때로는 아주 회복하기 힘들 정도의 어려운 늪에 발을 빠트릴 수도 있다.

안타까운 것은 흔히들 대부분의 경우 작고 중요하지 않은 것에 많은 욕심과 집착을 두고서 기어이 획득하려 한다. 정녕 별로 소중하지도 않고 비본질적인 것에 많은 애착을 둔다. 이런 모습을 보면 안타깝고 답답한 느낌을 금할 수 없다. 나이도 성년(成年) 이상 지긋한 연륜이 있고 신체도 건장한데, 사고방식이나 가치관은 여전히 유아기적 수준에서 벗어나지 못하는 경우를 적지 않게 보게 된다.

작은 것에 욕심내어 취득했다 해도, 사실 더 큰 은총과 축복을 받을 수 있었는데, 자신의 몰염치한 욕심이 그것을 막아 버리는 결과가 된다. 소탐대실인 것이다. 문제는 바로 본인 자신에게 달려 있

다.[28]

또한 사람은 기본적인 본능의 관점에서도 행복하고 즐겁게 오래 살기를 원하며, 후세에서는 영원한 생명을 얻어 누리기를 잠재적으로 갈망하고 있다. 이 같은 심층적 기저 갈망을 채워 주기 위하여 신은 생명이신 당신을 따르는 삶은 그 부담이나 짐이 가볍고 편하게 맡을 수 있음을 알려 주셨다.

편안하고 가볍다는 것은 무엇보다 자기 자신의 이익을 위해서가 아니라 타인을 위한 이타적 삶이며 다른 이에게 도움을 주는 보람 있는 삶이기에 아무런 가책이나 죄책감 없이 진정한 자유 안에서 편안하고 가볍다고 말씀하신 것으로 다가온다.

이 같은 말씀이 실생활에서 구현되고 결실 맺는 것이 봉사 활동이라 하겠다. 편안하고 기쁜 마음으로 응답하고 열의를 가미할 수 있는 것이 바로 봉사 생활인 것이다.

그러나 우리 인류가 세상에 존재하기 시작한 때부터 안타깝게도 거짓과 허위는 동시에 시작되었다 할 수 있다. 자유가 있기에 그 자유를 남용하는 첫 사례가 자기 자신의 결점과 과오를 감추는 것이라 하겠다. 나아가 타인에게 손해를 입히거나 위해(危害)를 가하는 것이다. 여기에 필연적으로 수반되어야 하는 것이 거짓이다.

21세기를 지나고 있는 오늘날에도 인간 사회에는 여전히 아니

28 물론 필자에게도 이런 요소들이 없다고는 못 한다. 오히려 상당할 것이다. 다만 성숙하고 사려 깊은 판단과 식별이 되도록, 후회 없는 행동이 되도록 신에게 의탁하며 노력할 뿐이다.

더욱 지능적으로 교묘하게 위장된 가짜 뉴스를 비롯하여 사람을 속이는 과장 및 허위 광고까지 판치고 있는 실정이다. 이와 같은 세상 모든 어둠을 뒤엎어 버리고 내쫓는 것이 신의 진리이다. 바로 이러한 진리를 받아들이며 응답하고 사심 없이 온전히 따르며 그분의 생애와 닮은 삶을 선택한 이들이 복된 사람들, 곧 성실한 봉사자들이라 하겠다.

아울러 살아가면서 많은 사람을 만나게 되지만 봉사자로서 직책을 수행하다 보면, 오랫동안 기억에 남는 선의의 또 다른 봉사자들도 만나게 된다. 영적 감각이 좀 무디다고 스스로를 규정하는 필자가 봐도, 흠 없이 고운 마음씨를 가지고 살아온 또 살고 있는 봉사자 분들을 만나게 되었을 때는 필자 자신도 감동을 받으며 위(上)로부터 오는 은혜를 느낄 수 있다.

자신의 처지도 어려운데, 주위 이웃과 더 어려운 사람들을 돕기 위해 봉사하고 희생을 마다하지 않으며 꼼꼼히 섬세하게 돌보아주는 모습들을 보면, 그 누구도 감복하지 않을 수 없을 것이다.

대단히 열악한 조건과 상황 속에서도 주어진 여건 안에서 열심히 살아가며 힘든 상황과 운명을 극복해 가는 봉사자들과 그 협력자들에게서 마음 깊이 큰 감흥과 용기, 위로와 격려를 얻게 된다.

세상은 물신주의와 개인주의, 신자유주의와 배금(拜金)주의, 이기주의와 무한 경쟁, 황금만능주의와 승자 독식 등등 비인간적인 세태가 만연해 가는 것 같다. 이와는 달리 천사 같은 마음으로 진정 순수하고 고결한 심성으로 아름답고 거룩하기도 한 그와 같은 생애를 영위하는 모습들은, 현대인들이 잃어 가고 있는 인류의 숨겨진 영적 유산이라 여겨진다.

봉사자들은 바로 이런 보화를 일깨우고 찾아내어 더욱 꽃피우도록 하는 데서 스스로 정체성의 한 단면을 발견하며, 이런 가운데 그분의 섭리를 느끼고 자신도 영적 에너지를 얻어 고귀한 보람을 맛보게 된다.

부모라면 누구나 자녀들에게 올바르고 의로운 사고방식으로 세상을 살아가도록 바라며 가르치려 한다. 신앙을 가지고 평범하게 살아가는 이들 역시 사랑하는 가까운 지인들에게 선하고 올바른 생각으로 인생을 살아가기를 촉구하며 충고하려 한다. 이것은 자신들이 인생을 좀 살아 보니, 정직하고 의롭게 마음의 불안 없이 평화롭게 살아가는 것이 인생의 큰 행복이라는 사실을 체험에서 깨달은 것 때문이다.

이런 가운데 타인을 위하여 조그마한 봉사 활동이라도 하면서 살아가면, 그만큼 더 보람과 기쁨을 맛보게 된다는 인생 비결을 알았기 때문이라 사료된다. 이는 평범하지만 봉사자 자신의 돋보이는 정체성으로 꼽을 수 있기에 더욱 의미 있다고 할 수 있겠다.

여기서 한 가지 중요한 점은, 자녀들이 훗날 현재의 부모 나이가 되었을 때, 어떻게 살았으면 하고 바라는 모습을 먼저 부모 스스로 실생활 중 살아가면서 바람직하며 소망하는 그 모습을 보여 주며 살아야 할 것이다. 자녀에게 어떻게 살아야 하는지 그 귀감이 될 수 있는 모습을 자녀들 기억 속에 깊이 새겨지도록 육안으로 보게 하며 살아야 한다. 그러면 훗날 부모 나이가 되었을 때, 부모의 소망대로 그렇게 살게 될 가능성이 높게 될 것이다.

관건이 되는 것은, 도덕 교과서에 나오는 덕행처럼 머리로는 잘 알고 자녀들에게 가르칠 수 있어도, 여러 가지 이유 때문에 자신이 직접 그렇게 살고 있지 않다는 점이다. 인생길에 있어 올바른 방향으로 나아가는 데는 만고의 진리라고 하는 신의 말씀과 가르침에 따라 직접 그렇게 실천하면서 살아가도록 힘들여 애쓴다면, 자연스럽게 귀결되는 결과로서 보다 나은 인생 비단길을 만나게 되는 것이다.

이러한 사실을 철부지 때는, 옆에서 앞에서 뒤에서 말해 주고 알려 주어도 까막눈과 막힌 귀처럼 못 알아듣다가, 느지막이 늦깎이가 되어서야 진정 온 마음으로 폐부에 깊이 새기게 되는 경우가 많은 것 같다.

그러므로 자녀들이 부모와 앞선 세대의 자연스러운 봉사 행위를 보게 되면, 당장은 아니라도 그 보람과 희열을 보고 배우면서 언젠가 본받거나 따라 하며 대를 이어 종사하고 가문의 귀한 유산으로 남길 수 있는 것이다.

예컨대, 어느 집안에서처럼 여러 명의 고아들을 입양 받아 어른이 될 때까지 정성스럽게 양육하는 것을 후대에서도 계속하도록 유언을 한다든지 하며, 또 어떤 경우에는 자기 당대에 해운 산업과 광산업을 통해 많은 재화를 벌어들여서는 그 대부분을 교육 기관 또는 빈민 구제소 건립과 희귀병 환우들을 위한 병원과 연구소에 기증하는 것은 물론 봉사 활동에 가담하는 것까지 가문의 첫째가는 가보(家寶)로 물려주는 경우이다.

궁극적으로 봉사하는 마음을 견지하고 실천하는 깨어 있는 사람에게 있어서는, 자신이 당대에 취득하거나 성취한 결실이나 과업을 사회와 여러 기관에 나누어 주는 것이 마음 저변(底邊)에서 분출하는 의지이며 갈망이고 기본 정체성의 일부라 할 것이다.

* 분신

　일반 기업이나 회사는 신입 사원을 몇 개월 동안 엄하게 교육시켜 회사가 요구하는 보다 적합한 능력 사원으로 양성하여 실무에 투입한다. 하물며 인류를 위한 봉사자를 뽑는 데 있어 신께서는 얼마나 공과 정성을 들여 더욱 더 당신을 빼닮은 자녀·분신, 당신의 인물로 키우시겠는가! 하는 생각이다. 이런 가운데 여정을 통해 오랜 세월 함께 만나고 지내다 보면, 참 아름답고 인간미 넘치는 인생관, 가치관을 지탱하며 올곧게 사는 평범한 봉사자들이 얼마나 매력적인지 깨닫게 된다.

　게다가 중·고등학교, 일반 대학교 동창들은 살아가며 어쩔 수 없이 조금이지만 세속에 물들거나 때로는 오염되기까지 심하게 나빠진 모습과는 색다른 삶을 영유하게 된다. 그래서 오랜 경륜이 서린 고귀한 생애의 색채가 마침내 곱고 빛깔지게 물드는 것은 덤으로 얻게 되는 선물이다.

　개인적으로도 곧잘 느끼지만, 신께서는 진실한 봉사자들을 몹시 사랑하며 아끼신다. 한번은 유학 중 성탄 방학 때 이태리 나폴리에 어느 신부님을 도와주기 위해 간 적이 있었다. 성탄 시즌이라 하여 그 성당의 미사 때 입는 제의가 눈부시게 은빛 찬란한 단추 같은 것으로 화려하게 장식되어 있었다. 그러자 곧 구약 성경의 다음 글귀가 글자 그대로 이뤄진 것처럼 생각났다.

'그는 구원의 빛나는 옷을 나에게 입혀 주셨고 정의가 펄럭이는 겉옷을 둘러 주셨다. 신랑처럼 빛나는 관을 씌워 주셨고….'(이사 61:10).

물론 구원과 정의와 영광의 신께서 함께하시며, 당신의 정의(正義)를 배우고 깨닫게 해 주셨다는 말씀이지만, 성경 말씀과 함께 그분의 배려하심과 이끄심을 깨닫게 해 주시어 분신처럼 돌보시는 것을 느낄 수 있었다. 이렇게까지 보살피며 힘을 북돋아 주시는구나 하는 생각이 강하게 들었다. 그때의 감사로운 마음과 진하게 전해진 감격은 산천이 두 번 반이나 바뀐 지금도 뇌리와 폐부에 깊이 새겨져 있다.

그분의 인간에 대한 사랑은, 공동체에게도 사랑을 아끼지 않으시지만, 키에르케고르가 지칭한 단독 존재자(혹은 단독자, the single individual)로서 한 사람씩으로도 사랑해 주신다고 하겠다. 그것은 마치 하와가 창조되기 전 온 세상에 아담 혼자 있을 때처럼, 우리 각자도 온 세상에 마치 우리 각자 오직 한 사람만 있는 것처럼 그분께서는 유일한 사랑으로 우리 각자에게 사랑을 베풀어 주신다.

평범한 봉사자들 역시 바로 이러한 사랑을 자신도 모르는 가운데 늘 습득하며 살아간다고 해도 과언이 아닐 것이다. 어떻게 하여 인식하게 되었을 경우 자연히 온 마음으로 감사드리지 않을 수 없음을 느끼고 받은 사랑과 은혜를 되갚는 마음으로 신의 뜻을 찾고 묵상하며 실제 생활 가운데 구체적으로 애덕(愛德)을 구현하게 되는 것이다. 참으로 사랑을 받아 본 사람만이 사랑을 알고 진정한 사랑을 베풀 줄 안다고 한다. 신의 고유한 단독적인 사랑을 체험하고 인지한 사람은 다른 사람에게도 사랑을 베풀 가능성이 크다.

사실 봉사의 차원에서 살아가며 어느 날 문득 스스로 새롭게 깨닫는 것이 있다. 인생길에 있어서 스스로 자존감을 느끼며 만족감을 느낄 수 있는 봉사 활동을 할 수 있다는 사실이, 자다가도 문득 기뻐하지 않을 수 없는 은총이며 세상 그 무엇과도 비교할 수 없는 특혜가 된다.

과분한 사랑과 함께 엄청난 은혜를 입고서 주체하기 힘들게 치솟아 오르는 감사로움과 어떻게든 보답하고자 하는 보은심(報恩心)[29] 등등 가만히 묵상해 보면, 무엇인가 할 일이 있다든지 적어도 예전과 다른 어떤 반응을 해야 하겠다는 심적 변화가 느껴짐을 부인할 수 없다.

어쩌면 받은 은혜에 대하여 그 규모와 정도가 세상 어떤 것과도 대비할 수 없다는 것을 깊이 인식하게 되면, 그냥 수동적으로 가만히 있을 수 없다는 것이 자연스럽고 정상적인 인지상정이 아닐까 사료된다. 보은의 마음이 뼛속 깊이 사무친다는 것을 감출 수 없는

---

29 받은 은혜에 보답하고자 하는 마음.

것이다.[30]

    이러한 느낌은 타인을 돕기 위해 (우연히) 봉사를 시작하였거나 봉사자로서 불림을 받아 그 요청을 수락한 보통 사람 아무나 비슷하게 체험하리라 여겨진다. 스스로 부족한 존재임을 잘 알고 있지만, 인류를 위한 사업과 다양한 직무에 필요하다고 불러 주셨다는 점은 결코 과소평가할 수 없는 영예이며 은총인 것이다. 봉사하고 있는 그 시간에 만일 봉사하지 않고 다른 일을 하고 있다면, 그 일이 무엇이든 지금 봉사하는 일만큼 보람과 기쁨을 누릴 수 있었을까? 봉사함으로써 정신적 안정을 취하고 평정심을 회복하며 자존감도 드높이게 된다.

    일본 압제시대 스스로 고통 중에 있으면서도 더 어려운 처지의 다른 이들을 염려하였던 이중섭 화가가 꿈꾸었을 것으로 생각하며, 자비와 평화의 시인 김종삼 님이 자신의 시에서 그 화가는 신부(神父)처럼 어려운 이들을 돌보기 원하였을 것으로 묘사하였다. 제목은 「미사에 參席(참석)한 李仲燮氏(이중섭 씨)」이다.

        내가 많은 돈이 되어서
        선량하고 가난한 사람들을 위해 맘 놓고 살아갈 수 있는
        터전을 마련해 주리니
        내가 처음 일으키는 微風(미풍)이 되어서

---

30 첨언하면, 타인의 입지와 상황에 관심을 가지며 도움이 필요한 이들에게 도움을 주기 시작한다는 것, 이것은 바로 인간 사회가 성숙하고 올바른 방향으로 발전해 가기 시작한다는 뜻이라 하겠다.

내가 不滅(불멸)의 平和(평화)가 되어서
내가 天使(천사)가 되어서 아름다운 音樂(음악)만을 싣고 가리니
내가 자비스런 神父(신부)가 되어서
그들을 한 번씩 訪問(방문)하리니

신으로부터 온 우리 인간에게는 누구나 감춰져 있는 것 같으나 내면 깊은 곳에 분명히 존재하는 성스러움에 대한 갈망이 고여 있다 하겠다. 김종삼 시인은 그러한 갈망을 통해 자신의 인생 수위(水位)를 한 단계 도약하여 거룩한 생애를 꿈꾸며, 천사처럼 사제처럼 살고 싶었던 열망을 나중에 이렇게 시로 표현하였던 것이다.

성직품은 못 받았으나 평신도로서라도 구원 사업에 직간접으로 참여하며 내면에서 일어나는 거룩함의 갈증을 꽃피우고자 하였다. 거룩함의 갈증은 자기희생적이며 이타적인 봉사의 실천으로 꽃피게 되는 것이라 할 수 있다.

세상 속에 살고 있으나 진실한 봉사자들은 궁극적으로 조물주를 대신하여 그분 자녀로서 분신처럼 그분의 사랑과 자비, 정의와 평화, 온유와 호의, 인내와 용서, 성실과 절제 등등 고귀한 가치들을 드러내고 실천하며, 보다 많은 사람들을 도우며 이끄는 삶이라고 사료된다.

여기에 진일보하여 받은 수많은 은혜와 축복에 힘입어, 소외되고 어려워하는 이들에게 더욱 가까이 다가가 눈물도 닦아 주고 따뜻이 보살펴 주며 심지어 가진 것마저 어떻게든 조촐히 나누고자

하는 측은한 마음이 형성되어 발휘된다 하겠다.

각 처에서 다양하게 봉사하며 사는 이들 역시 신의 자녀이며 그 사랑의 분신으로서 양심에 새겨진 정의와 선(善)의 집행인이라 하겠다. 자신의 내면에 천부적(天賦的)으로 심어진 의로운 가치관에 따라 행동하며 살아가는 이름 없는 수많은 선의의 사람들인 것이다.

어떻게 보면 이들이 인류 역사가 빛과 생명으로 나아가도록 하는 실무자들이고 주역들이라 하겠다. 이러한 사람들이 행하는 모습과 생애가 다른 이들의 잠자고 있는 선한 마음을 일깨워 인류 역사의 흐름이 빛과 생명으로 향하도록 하는 역할을 한다고 해도 지나치지 않을 것이다.

* 관찰

제 개인적으로 일이나 상황을 관찰할 때, 진정 무엇이 중요하며 핵심이 되는 것인지 먼저 찾거나 적어도 추리하기 시작하는 것은 또 하나의 새로운 역할 시작이다. 사고하는 방법을 배우고 철학을 탐구하면서 본질적인 것을 발견하고 찾으려 하는 습관, 습성이 생겼다. 여기서 나아가 사람을 만날 때에도 그 사람의 외모 혹은 언변에 휘둘리지 않고 심중 저변에 의도하는 바가 무엇인지, 내가 어떻게 행동하기를 원하는지 적어도 (내게서) 바라는 것이 무엇인지 보다 정확히 파악하려 하는 것이다.

이러한 습성은 사람을 판단하려 하는 것이 아니고 보다 귀중한 것을 놓치지 않으려는 조바심에서 시작되며 더욱 신중한 마음가짐을 가능한 늘 유지하며 세상과 사람을 대하고 봉사하기 위함이다.

과연 봉사자에게 있어서 만나는 사람의 외모나 사용한 화장품 종류나 세상의 향락은 중요한 관건이 되지 않는다. 그 대신 주위의 함께하는 사람들에게 필요한 도움을 주고, 가능하다면 그들의 심성을 변화시켜 얼마나 이타적으로 성화시킬 수 있느냐가 진정한 최고 관건이 되지 않겠는가?

그야말로 봉사자는 자신이 머무는 당대와 그 시기 중 얼마만큼 세상을 소망스러운 가치가 넘치는 문화 일상으로 변화되게 하며 동시대 사람들을 이타적인 한 가족으로 승화시킬 수 있느냐가 가장 큰 저변의 관심사가 아니겠는가?

인간은 많은 부분에서 유한하며 한계적 존재이기에 보다 유심히 관찰하고 판단하여 결정하는 것이 실수나 아쉬움을 줄일 수 있을 것이다. 역사상 이뤄진 많은 중요한 성과와 업적들 이면에는 그 집행자, 주도자의 결과와 미래를 보는 혜안이 대부분 먼저 첫 열의와 동기(動機)로 작용하였기 때문에, 성취 의도가 강렬하였으며 마침내 발출(拔出)되어 영광스런 결실을 맺을 수 있었다고 할 수 있을 것이다.

여러분들이 어느 한 나라의 대통령 또는 내각제 총리, 국가수반이 된다면, 직무를 잘하든 못하든 그 나라 역사와 민족의 삶과 운명에 엄청난 영향을 남기게 될 수도 있겠다. 정책 결정자의 판단과 식견에 따라 국민 전체의 명운과 미래가 좌우되는 것이다.

여기서 구성원들을 섬기며 봉사하는 최고 봉사자들의 역할이며 태도로서 기본 덕행이라고 할 수 있는 것은 과연 무엇일까 생각해 본다. 그것은 21세기뿐 아니라 인류사 안에서 언제나 지켜져야 할 가치로서 궁극적으로 구성원들의 생명 활력과 행복 지수를 드높이고 유지하기 위해 목숨을 바치기까지 최선을 다하는 것이 아닐까 사료된다.

곧 진정한 최고 봉사자는 자신의 가능한 최상의 관찰력을 동원하여 구성원이 필요로 하는 것과 우선적으로 필요한 것을 예리하게 잘 알고 그들의 고등 복지와 안녕을 위해 희생을 감수하게 된다. 그러면서 보다 나은 공동체와 조직이 되도록 최대한 힘써 연구하고 고민하며 노력하는 의지와 실행력을 가져야 하는 것이라고 생각한다.

마찬가지로 어떤 경우에는 평범한 봉사자들도 알게 모르게 인간사(史) 안에서 하나의 기념비적 역할과 분명한 획을 명확하게 긋게 될 수도 있겠다. 평소 얼마만큼 정확한 관찰력과 예리한 통찰력으로 인간사(人間事)에 동참하고 있는가 하는 것에 따라 결정될 것이다.

어머니들은 자녀들을 늘 생각하며, 맛있어 보이는 음식이나 간식 또는 좋은 글이나 말씀을 들으면 가능한 그런 것들을 자녀들에게도 전해 주어 섭취하거나 깨닫게 한다. 이와 같은 모성애로 봉사자들도 필요한 사람들에게 도움을 주고 어려움을 풀어 주려 노력해야 하겠다. 그래서 어떤 때는 그런 일을 올바로 보다 효과적으로 잘하기 위해 미리 여러 상황들을 예상해 보기도 하고 다양한 방법을 찾으며 연구해 보기도 한다.

이와 같은 수고는 기쁘고 즐거운 마음으로 마치 바다에서 좋고 큰 물고기를 낚으려 하는 어부나 낚시꾼들에 비길 수 있다. 그러다 아주 좋은 또한 새롭게 귀한 말씀이나 아이디어를 발견하여 나누며 제대로 돕게 되면 그날 하루를 마무리할 때 기분 좋은 상태에 머물게 된다. 신의 자비 가득한 아주 은혜로운 날을 체험하며 감사하게 된다. 봉사함에서 오는 보상과 보답이라 할 수 있겠다.

봉사의 필요성에 대한 선하고 긍정적인 마음을 가지고 살아간다면, 이 세상이 혹시나 더욱 냉혹해지고 참혹하게 무한 경쟁의 정글로 타락한다 하여도, 선의의 평범한 봉사자분들은 아마도 덜 오염될 것이다. 나아가 시대의 조류에 휩쓸려 본의 아니게 어쩔 수 없이 범할 수도 있을 죄나 과오로부터 스스로를 미연에 방어하고 보호할 수 있게 되겠다.

가능한 죄가 없게 살도록 힘쓰는 것이 중요한 이유는, 스스로 자기 자신 양심의 가책으로 떳떳하지 못해 에너지를 빼앗기거나 생명 활력과 추진력을 잃는 위험한 상황을 피할 수 있으며, 무엇보다 신의 은총과 축복 안으로 좀 더 깊이 들어가 새로운 지혜를 발견하는 관찰력도 덤으로 얻을 수 있을 것이다.

여기서 나 자신보다 더 아파하고 힘들어하는 다른 이를 더욱 보살피는 정경(情景)이 잘 드러나는 짧은 시가 있어 읊어 본다. 강현덕 시조 시인의 「기도실」이다.

울려고 갔다가
울지 못한 날 있었다.

앞서 온 슬픔에
내 슬픔은 밀려나고

그 여자

들썩이던 어깨에

내 눈물까지 주고 온 날

다른 사람을 나보다 더 섬기고 관심을 가져 주는 모습이 하늘나라 삶의 스타일[樣式]이다. 다른 이들을 위하여 진심 어린 마음으로 기도하며 헌신적으로 돌봐 주는 것, 바로 하늘나라의 그윽한 향기, 천사의 향기라고 하겠다. 어떤 그룹이나 집단이라도 서로를 존경하며 배려해 주고 어렵고 힘든 일이 있으면, 누가 나서기를 기다리지 않고 다른 누군가를 대신하여 먼저 도맡아 행하려고 노력하는 천사들이 많아지는 곳이라면, 완전하지는 않아도 이미 천국이 시작된 곳이라 하겠다.

이런 의식이 더욱 활성화되고 보편화되어 온 민족들의 가치관 안에 굳건히 자리 잡아 인류 문화사 안에서 주도적인 문화로 새로운 지평이 열리게 되고 굳건하게 정립될 수 있기를 바란다면 너무나 지나친 욕심일까?

* 해결책

우리나라 첫 영문학자이며 국문학자인 양주동 박사(1903~77)가 어느 대학 특강 중 다음과 같이 강의하는 것을 들었다. 자신이 나이 들어 늦가을 새벽 일찍 잠이 깬 어느 날 마당에서 새벽바람에 나뭇잎이 우수수 떨어지는 소리에, 분명 옆에 가족이 자고 있는데도 불구하고, 갑자기 깊고 깊은 고독감을 절감(切感)했다고 말했다.

이 고독감은 세상 무엇으로도 치유할 수 없고 오직 종교적인 힘으로만이 해결할 수 있을 것으로 느꼈다고 하였다. 이러한 고백은 인간에 대한 궁극적 해결책은 최고의 가르침이라고 하는 종교[31]의 지혜로만이 가능하며 유일한 것이라고 인정했다.

흔히 세상일에 과연 신께서 관심을 가지고 긴밀하게 대하고 계시는가, 하는 의구심을 가지는 경우가 종종 있다. 인간에게 자유를 완전하게 주신 나머지, 그분께서는 소극적으로 개입하시는 것 아닌가 하고 궁금해하곤 한다. 그러나 밀라노의 칼 마르티니 추기경은 자신의 여러 저서에서 다음과 같이 피력하고 있다.

'… 인류 역사 내 모든 사건들과 모든 사람들을 통해서 당신 계획을

---

31 으뜸 宗, 가르칠 敎.

완수하기 위해 역사를 이끌어 가시는 분은 바로 신이시다. 인간 역
사 안에서 겉보기에는 세속적인 것처럼 보이는 사건들이 실제로는
구원이라는 새로운 바람이 부는 대로 따라 움직이고 있다. …'

이것은 참으로 기쁜 소식이다. 알고는 있었으나 믿음이 굳게 가
지 않았던 것 같은 사실에 대하여 마르티니 추기경은 굳게 분명히
믿도록 도와준다.

우리가 힘들고 뜻대로 안 될 때 신은 어디 계시는가 하는 의문점
이 없잖아 들었으나, 그 순간에도 그분은 함께 계시며 분명하게 알
고 계셨고 우리의 자유를 존중해 주시며 때로는 가해자 스스로 회
개하도록 기다리신다. 곧 비록 우리가 그분이 하시는 일을 온전히
모두 이해할 수는 없다 하여도, 우리의 모든 일거수일투족의 희로
애락 안에 그분께서 함께하고 계시며, 당신 뜻 안에서 보다 나은 방
향으로 해결해 주신다는 것이다.

물론 이 세상에 나 혼자만 사는 것이 아니라, 80억 이상 수많은
사람들이 복잡하고 다양한 상황 안에서 여러 공간에 살고 있기 때
문에, 각종 여러 상황과 각양각색 사람들 입장을 고려하여 신께서
는 최고의 해결책을 공동의 유익함으로 이끌며 추진하고 계신다.
그러니 그분의 뜻과 입장은 생각하지 않고 나 홀로 힘들다고 불평
하며 우울증에 빠져 있어서는 안 되는 것이다. 그분께 의지하면서
성실하게 인내하며 먼저 그분의 의(義)를 구하고 그분 뜻을 기다리
며 선행과 봉사에 임해야 할 것이다.

그리하여 봉사자들은 종종 느끼겠지만, 많은 경우 '모든 이에게 모든 것'이 되는 체험을 많이 하게 된다. 때로는 어린이집 유아반 아이들에서 시작하여 양로원에 임종을 앞둔 노쇠한 어르신들까지 남녀노소 누구에게나 잠깐이거나 부분적이지만 동반자, 대담자, 보호자가 되어 주어야 할 때가 있다.

어떻게 보면, 이것은 봉사자에게 피곤하게 느껴지는 과제일 수도 있으나 또 다른 한편으로는 그만큼 진정한 사랑과 친교, 배려와 포용 등등을 목말라하고 있는 모든 사람들에게 한 줄기 시원한 물 한 모금의 역할이 된다고 하겠다.

특별히 무엇을 제공해 주거나 어떤 놀라운 일을 수행하지 않아도, 그저 함께 있어만 준다는 사실 혹은 적어도 조그만 관심과 돌봄에도 그들은 매우 기뻐하며 고마워한다. 이런 때에는 솔직히 송구한 마음도 들고 많이 도움 주지 못하는 것이 못내 아쉬울 때도 있다.

인간이 하는 일 중에, 각계각층의 여러 다양한 사람들이, 만나야 할 주요한 대상이 되는 이러한 인생은 쉽게 찾아보기 어렵다고 생각된다. 그만큼 봉사자들은 생애의 활동 범주가 폭넓고 다변화되어 있으며, 또한 필요시 무엇이든 대화 주제가 되어 심도 있는 속마음의 긴요한 얘기도 나누게 된다. 그러므로 생애 중 만나는 모든 사람들의 그 만남 넓이와 깊이가 때로는 그 활동 기간 내내 다양하게 펼쳐져 인생의 그 폭과 범주가 넓고 깊게 심화되어 간다고 하겠다.

여기서 한 걸음 더 나아가, 봉사자는 소극적인 차원에서의 아마

추어 수준을 넘어 보다 더 적극적인 프로페셔널이 되어야 할 것이다. 예를 들어 보겠다. 어떤 두 소년이 있었는데, 둘은 아주 친한 친분의 사이였다. 둘은 공통점이 있었는데, 그것은 좋은 글을 읽고 아주 좋은 글을 집필하여 후세에 남기자고 서로 약속을 하며 꿈을 키웠다. 두 사람은 세월이 흘러 어느새 어른이 되었다. 그런데 한 친구의 부모가 글을 쓰지 말고, 사업을 하여 부자가 되라고 강요하였다. 결국 그 도반(道伴)은 우선 부모 말을 들어 주고 나중에 은퇴하면 꿈을 실현하겠다고 하며 꿈을 노후로 연기하였다.

다른 한 친구는 다행히 꿈을 실현할 수 있었는데, 평소 가치관대로 선행을 하며 다양한 봉사 활동을 하면서 성실하고 부지런하게 살았다. 그런 가운데에도 아름답고 감동적인 글을 많이 읽고 또한 좋은 글도 많이 쓰고 발표하면서, 어릴 때 꿈꾼 이상으로 전문적인 사회 원로 지도자가 되어 평생소원을 한 차원 높이 구현할 수 있게 되었다.

앞의 소년은 아름다운 마음과 의도를 가졌으나 사업을 하여 정신없이 살아오다, 은퇴하고 글을 쓰려니, 이미 영리 추구 전문가가 되어 철저한 이기주의자, 개인주의자로 변모하였으며 좋은 글과는 거리가 멀리 있는 자신을 발견할 수밖에 없었다. 좋은 글을 읽으려 해도, 사업상 많이 마신 주(酒)량으로 시력도 희미하게 되어 건강조차 엄중한 상황이 되어 버렸다. 그야 말로 자기 한 몸도 건사하기 힘들 정도가 된 것이다.

어쩔 수 없이 어릴 때 지녔던 꿈은 아스라이 멀어지는 것을 인정하며 커다란 회한이 밀려왔으나, 독주 한 잔에 잊어버리기로 하며 자신을 달랠 수밖에 없었다.

여기서 봉사의 어려움에 직면했을 때의 해결책 혹은 대처 방안을 찾아보고자 한다. 쉽게 생각하면, 다음과 같이 크게 네 가지로 꼽을 수 있겠다.

1. 순수한 선의로 행하는 일이 거절당하거나 오해받게 될 때이다. 이때에는, 원망하거나 증오심을 품지 말고, 일단 기다리며 그 사람 또는 그들의 마음이 호의로 변화될 때까지 기다리는 것이 좋을 듯하며, 사필귀정이라는 격언을 기억해야 한다. 이런 시기에는 장차 그들이 호의로 변화될 때보다 잘 봉사할 수 있도록 자신의 심신과 봉사 제반 준비 상태를 점검해야 하겠다. 만일 아쉽게도 시간이 길어지면, 도움을 필요로 하며 봉사할 수 있는 다른 곳을 모색해 보는 것도 좋을 것이다.

2. 때때로 봉착하게 되는 경우로서, 아무도 관심 없는 어렵고 힘든 일에 홀로 쓸쓸히 봉사해야 할 때이다. 이런 경우 심하고 처절한 소외감이나 고독감을 느낄 수 있다. 어쩌면 이런 때 진정한 봉사자와 그렇지 못하거나 미성숙한 봉사자와의 차이가 드러난다 하겠다. 이런 상황에는 무엇보다 봉사 받아야 하며 어렵고 힘든 처지에 있는 이들의 곤궁함을 생각하며, 그들의 입장에 서서 역지사지 정신으로 도움과 봉사의 손길을 건네야

할 것이다.

만일 내가 봉사하지 않으면, 그들의 어려움은 누가 어떻게 언제 도와줄 수 있을 것인지를 생각하며, 용기와 힘을 발휘해야 하겠다. 신앙을 갖춘 봉사자라면 신은 이 순간도 보시며 알고 계신다는 믿음이 큰 도움이 될 수 있을 것이다.

3. 욕심이 너무 커서 무리하게 봉사하기 시작하여 후회가 될 때도 발생할 수 있다. 인간이 살아가며 행하는 모든 일에서 마찬가지이지만 과욕은 항상 후회를 낳거나 아쉬운 결과를 야기한다. 대책을 찾는다면, 봉사하면서 어떤 많은 것을 목표로 하지 말고, 성실하게 임하면서 주어지는 대로 필요한 만큼 또한 상황이 허락하는 만큼 결정되는 결실에 만족할 줄도 알아야 할 것이다.

봉사의 업적이나 결과물에 욕심낼 것이 아니라 측은지심에서 우러나오는 진정성이 더욱 중요한 것이므로, 봉사하는 심성을 성찰하며 더욱 순수한 봉사 의식을 갖춰야 하겠다.

4. 어떤 보람과 결실을 전혀 못 느낄 때가 더러 있다. 많은 노고와 공(功)을 드렸는데도 아무런 좋은 결과를 얻지 못하고, 무료하게 느껴질 때에는 다음과 같은 마음을 갖출 필요가 있을 것이다. 세상의 모든 현상을 눈에 보이며 통계학적 관점에서 모든 결과를 정확하게 제대로 평가할 수 있는 것이 아님을 생각해야 한다. 지금 알지 못하는 어떤 성과가 진전되고 있을 수

있음도 알아야 한다. 최선을 다한 봉사의 결과를 신에게 맡길 수도 있겠다.

사실 알게 모르게 비가시적인 결실도 분명 있는 것이며, 그것들, 특별히 영적인 것들이 경험되고 축적되어 먼 훗날 예상 밖의 놀랍고 생각지도 못한 방면에서 엄청난 결실을 생성할 수도 있다. 여기에 그분의 섭리가 있다고 할 수 있을 것이다. 이런 관점에서 보면, 봉사 행위는 분명 가시적인 것이면서 그 이면에는 정신적이며 영적인 움직임을 드러내는 것이라 하겠다.

아울러 문제의 해결책이 되는 첫 열쇠를 찾는 데에는 자신의 살아온 경험이나 평소 많이 가졌던 관심 분야도 도움이 된다. 살아오며 겪는 여러 다양한 체험들이 더 좋은 해결책과 도움이 되도록 힘과 활력을 제공해 준다. 인생 여정에 있어 그려지는 수학적인 사인 곡선(sine curve)의 높낮이는 모두 사랑과 자비의 섭리 안에 드러나는 영적 성숙의 디딤돌 혹은 학습 단계의 여러 과정이라고 해도 무방할 것이다.

그 높낮이는 인생살이의 오랜 경륜을 통해, 청소년과 젊은이들이 모르는 장·노년기의 원숙해 가는 결실과 유종의 미를 향하는 하루하루의 짧고 긴 과정들이라 하겠다. 이런 수많은 굴곡과 터널을 지나면서 산전수전 경력이 쌓인 노장(老將)이 되어 인생의 깊은 내면을 마주하게 되며, 마침내 원숙한 봉사자가 되게 한다.

우리 생애의 날 수를 미리 정할 수는 없다. 그러나 그 내용과 체험, 그 깊이와 넓이, 그 질적인 차원은 영향을 미칠 수 있겠다. 우리가 가능한 한 보다 꼼꼼하고 치밀하게 심도 있는 그러면서 따뜻하고 인간미 넘치며 봉사에 앞장서는 이타적인 인품을 갖추고 어느 정도의 영적 전문가, 정신적 해결사, 현실적 행복 설계사가 되어, 어떻게 판단하고 실천하는가에 따라 정해질 수 있겠다. 우리 각자의 심성과 가치관, 인생관과 관심 사항, 열의와 애착에 따라 충분히 잘 준비된 봉사를 실행하여 우리 각자 삶의 색감과 그 심도가 변화되며 타인에게도 선한 영향을 끼치게 될 것이다.

선물 … 상상 그 이상

태어나면서 얻게 되는 생명이 첫 선물이며, 결국 인간은
상호 간에 서로 둘도 없는 귀중한 선물이 되어야 한다.

* 충족

많은 사람이 흔히 추구하는 행복(happiness)이라고 하는 것은 happenstance의 의미로 이것은 그냥 발생하는 '우연'과 같은 의미를 제시한다. 그러니 살면서 명예 성취, 재산 증식, 감정 만족, 권력 획득, 육신 갈증 해소 등으로서 곧잘 생성되고 소멸되는 즐거움을 나타낸다. 예컨대, 무더운 여름날 먹는 아이스크림 같이 한시적으로 잠깐 갈망을 채워 주는 것에 불과한 것이다. 육신과 본능이 요구하는 것을 생물학적으로 채워 줌으로써 더 이상 생물학적 요구는 사라진다.

소크라테스에 의하면, 사람이 육신의 요구에만 충실한 경우, 그 사람과 축사(畜舍) 안에서 꿀꿀 대는 돼지와 무슨 차이가 있느냐고 극단적으로 비유를 들어 지적한다. 인간은 육신 외에도 구성 요소가 있다는 것을 강조하는 것이다.[32] 곧 육신만 가지고 사는 것이 아니라는 뜻이라 하겠다.

의식 있는 현대인은 자신의 의무와 책임을 실천해야 하는데, 더구나 봉사적 소임은 당연히 할 수 있어야 할 것이다. 오랜 세월 우

---

32 불교 평론, 22.6.26자.

주의 시간을 관측한 아인슈타인은『내가 본 세계(The World As I See It)』에서 다음과 같은 말을 했다.

'우리는 이 땅에서 낯선 이방인처럼 살고 있다. 이유를 모른 채 종종 존재의 목적을 발견하는 것처럼 생각하면서 그저 잠시 왔다 가는 존재일 뿐이다. 하지만 일상적인 삶의 관점에서 우리는 분명하게 알고 있는 것이 있다. 그것은 지상에 있는 사람들이 다른 사람들을 위해 있다는 사실이다. 우리의 기쁨은 그들의 미소와 행복에 달려 있기도 하다. 나는 나의 외적이고 내적인 삶의 얼마나 많은 것이, 현재 살아 있거나 고인이 된 다른 동료들의 노고에 기초하고 있으며, 내가 받은 것을 갚기 위해 얼마나 열심히 노력해야 하는지, 하루에도 수없이 깨닫는다.'

즉 아인슈타인은 사람이 잠시 이 땅에 왔다 가는 존재로서 타인을 위해 서로 기여하고 도움을 주고 있기에, 자신도 다른 사람들의 노고에 보답하기 위해 얼마나 힘써야 하는지 매일 수차례 깨닫는다는 취지의 말씀이다. 이 세상에 홀로 천년만년 살 것처럼 생각하지만, 철저한 물리학자인 아인슈타인조차 인간은 서로 도움을 주고받으며, 받은 은혜를 보답하며 살아야 한다는 것을 매일 생각한다고 고백하는 것이다.

우리도 타인으로부터 애덕의 봉사를 받았듯이 다른 이들과 후손들을 위하여 조그만 일이라도 하고 세상 떠나야 되지 않겠는가? 그냥 받기만 하고 잘 받았다며 입 싹 닦고 뒤도 돌아보지 않고 그냥 가실 것인가? 우리 부모, 선조들도 떠나가듯 나도 언젠가 떠날 텐데, 훗날 신 앞에 가서 뭔가 좀 내 놓을 것을 준비해서 가야 되지 않겠는가?

타인을 위한 봉사를 계속 피력하고 강조해 왔지만, 사실은 우리 모두 알게 모르게 봉사를 많이 받으며 살아가고 있다. 타인의 유익함을 위해 봉사해 주며 동시에 부지불식간에 또한 봉사 받으며 봉사적 공동체를 이룬다고 하겠다. 무인도에 사는 것이 아니라 거대한 인구 집단 속의 한 무리 안에서 누구나 살아가고 있기에, 스스로 타인을 위해 무엇을 봉사한다는 것보다 여러 사람들로부터 다양하게 봉사와 도움을 받으며 우리는 하루하루를 살아가고 있다.

이와 같은 은혜를 제대로 갚기 위해서도 최소한의 봉사 기능은 필요한 것이라 하지 않을 수 없다. 받기만 할 것이 아니라 가능한 범위 내에서 무엇이든 베풀고 나누며 받은 은혜에 조금이라도 보답하는 것이 인간의 기본 중의 기본 도리라고 하겠다.

미국 기능심리학의 개척자이며 하버드대 심리학 교수인 윌리엄 제임스는 인간의 가장 핵심 욕구는 타인으로부터 인정받는 것이라고 했다. 실제로 공동체로부터 인정받게 되면, 아브라함 매슬로우가 주장하는 생리, 안전, 소속감, 존중, 자아실현 등의 모든 기본적 욕구가 충족되기 시작한다고 할 것이다. 윌리엄 제임스가 실험을 해 보았다. 그는 사람이 어떤 순간에 가장 큰 행복을 느낄지를 궁금해하면서 10명씩 10개 그룹으로 나누어서 10주 동안 각자 쇼핑을 하고, 애인을 만나고, 음식을 먹고, 영화를 보고, 아르바이트를 하고, 봉사를 하는 등의 일을 시켰다고 한다.

윌리엄은 남자들은 여자 친구와 데이트하는 것을 가장 행복해하겠고, 여자들은 쇼핑하는 것을 가장 행복해할 것이라고 예상을 하였다. 그러나 10주 후의 결과는 예상과는 달리 가장 많은 인원이 '봉사'할 때 가장 큰 충족감과 행복을 느꼈다고 밝혔다.

이것은 곧 어떤 봉사나 적어도 어떤 선행을 실천함으로써 심리적 관점에서 스스로 인정받고 있다는 충족감을 맛보게 되는 것을 의미한다. 성 아우구스티노는 모든 인간은 이와 같은 영적인 갈증을 갖고 있다고 했다. 어쩌면 인간 가장 깊은 심층에서부터 갈망하는 영적 목마름을 충족시키면서 생애를 영위할 수 있다는 것은 지상에서 누릴 수 있는 엄청난 은혜이며 특혜라고 해도 지나치지 않겠다. 육신이 느낄 수 있는 즐거움을 넘어서 진정한 행복은 존재 안에서 우러나오는 충족감인 것으로, 봉사 활동에서 기인하는 하나의 결실이며 기쁨인 것이다.[33]

---

33 어쩌면 육신적인 것으로 시작된 일이지만 영적·존재론적으로 다가오는 기쁨으로 충족감을 맛보며 감사하게 되는 경우도 있다. 어느 신부님들 일행은 등산을 좋아해서 30여 년 동안 대부분 월요일마다 함께 모여 산행을 하였다. 그렇게 경기도 명산은 물론 강원도와 충청도 지역의 몇몇 산정(山頂)까지 오르며 기분 전환도 하고 체력도 챙기며 사목적 정보도 나눌 수 있었다. 이런 가운데 부인할 수 없는 사실은, 그 오랜 세월 동안 궂은 날씨나 가파르고 험한 산길을 만나면서도, 신께서 크고 작은 어려움과 위험 속에 무탈하게 지켜 주셨다는 것이다. 이것은 생채기 하나 발생하지 않았다는 뜻이 아니라 난관을 만나더라도 그것을 극복할 수 있도록 해 주시며, 오히려 체력과 인내심이 더욱

여기에 더하여 봉사 도중에 이따금씩 신의 도움을 체험하며 충족감을 얻게 된다. 필자가 교만해질 것 같다든지 또는 나중 후회할 법한 행태를 저지를 위험이 있는 경우를 제외하고, 거의 대부분 도움을 주시어 그분을 찬미하고 고마워하도록 이끌어 주신다는 것을 강하게 느낀다. 더구나 복잡하고 어려울 것 같은 일이 뜻밖에 원활하게 잘 풀릴 때에는 분명 신의 현존과 동행을 느끼지 않을 수 없다. 그분은 어떻게 해서든지 무엇이든 하나라도 더 해 주려고 하는 마음임을 분명하게 감지할 수 있다.

쉽게 말하자면, 필자 개인적인 체험으로 전혀 예상하지 못한 가운데 새로운 아이디어 혹은 까마득히 잊혔던 단상(斷想)의 편린들이 선물처럼 불현듯 떠오를 때, 곧잘 조물주의 은총과 사랑을 분명하게 체험하게 된다. 물론 우연히 어떤 사물이나 현상이 연상 작용으로 생각이 떠오를 수 있으나, 필자 자신도 놀랄 정도의 반드시 필요하며 대단히 훌륭한 묘안이 떠오를 때에는 큰 충족감을 느끼며 신께 정말 감사드리지 않을 수 없다.

봉사자들은 바로 이러한 존재론적 행복을 곁들여 얻게 되는 사람들로서, 이와 같은 희열과 열락은 원천적으로 신에게서만 기원한다고 하겠다. 존재론적 복락은 참된 행복의 최초 근원이신 그분을 알고 사랑하며 갈망하게 될 때 얻게 되는 것이다.

강건하게 보강되도록 만드시고 무엇보다 당신이 30여 년 동안 함께 동행하고 계심을 명확하게 깨닫게 해 주셨다.

사실 비신앙인조차 선한 의지와 양심에 따라 양로원, 장애우 시설, 미혼모 센터, 고아원 등등 소외되거나 어려운 사람들을 위해 기꺼이 희생적으로 봉사 활동을 한다. 하물며 최고의 맑은 양심을 간직하며 살아가는 21세기 시민으로서 당연히 여건이 허락하는 한 가능한 대로 적절한 봉사를 쉼 없이 해야 할 것이다.

이런 점에서 누구나 예외 없이 봉사적 의무를 마음 깊이 갖춰야 되리라 본다. 누군가가 우리들에게 봉사 활동을 요청하면, 보통 시간이 없다든지, 능력이 안 된다든지, 경험이 전무하다든지 이런저런 이유와 핑계를 대며 어떻게든지 벗어나려 하는 경우가 종종 있다. 그러나 가만히 생각해 보면, 자신에게 가능한 것을 찾으면 타인을 위하여 나눌 수 있는 것이 없지 않다.

심지어 어떤 어르신의 경우 봉사는 하고 싶으나 노년으로 근력이 떨어져 도울 만한 것을 찾지 못하자, 비슷한 연배의 어르신들에게 찾아가 미소를 잃지 않고 말동무를 해 주거나, 그냥 함께 반나절 있어 주는 것만 하는데, 다들 감사하는 마음을 갖고 기뻐하며 고마워한다고 말한다. 어르신 자신도 나름 보람을 느끼며 다행스럽게 생각한다며 만족감을 드러낸다.

이웃을 위해 봉사하며 공동으로 필요한 일에 협력하고 동참하는 것, 이는 봉사 욕구가 충족하게 되니 은혜일 수밖에 없다. 한 가지 특이한 것은 신앙을 모르는 일반 봉사자들을 지목하지는 않으셨지만, 성경에서는 신앙인이든 아니든 누구든지 자비 베푸는 사람과 평화를 위해 일하는 사람은 행복하다고 언급되어 있다.

이것은 신앙적 측면에서, 살아가기 몹시 어려우며 일반 사회로부터 소외된 이들을 위하여, 세상이 알아주든 말든 조용하게 봉사하고 헌신하는 데 적극적인 사람들 역시 복되다고 선언해 주신 것이라 하겠다. 왜냐면 다른 상급과 보상이 따르겠지만, 동시에 억눌려 있던 봉사 의욕도 충족시켜 주기 때문이다. 흐르는 세월과 함께 봉사 생활 가운데 정신적으로도 어떤 유별난 것을 갈망하지 않고 큰 실수만 없다면, 매일 매순간 행복과 평정심을 느끼며 감사하는 마음으로 충족감을 느낄 수 있겠다.

오늘날 대중 매체나 공익위원회 특히 공영 방송 등에서도 도움을 필요로 하는 국내외 고통받는 이들을 알리며 봉사와 도움의 손길을 요청하고 있다. 이것은 봉사 활동과 증여 행위가 그만큼 가치 있고 이 시대에 매우 필요한 일이라는 것을 증명한다고 하겠다. 여기에 응답하는 것도 봉사 의지를 꽃피우며 충족시켜 주는 효과를 발견할 수 있겠다.

* 축복

한 가지 분명하게 느낌이 오는 것은, 조촐하고 부진하나마 기도하며 보다 후회 없도록 애쓰며 살아오는 사이에 어느덧 생애의 회항점(回航點, 터닝 포인트)을 지나고 태어날 때의 모습으로 되돌아가는 것 같다. 그런 점에서 저의 본연의 모습은 지금 이때의 모습인가, 아니면 20~30대의 열기 넘치던 때의 모습인가 하고 자문해 보기도 한다.

젊은 날의 그 열정은 다 어디로 가고 세상에 올 때의 모습으로 회귀하고 있는 것이 너무나 명확해진다. 어쩌면 창조주께서 이제는 생애의 마지막 날이 점차 하루씩 다가오니, 진정 생애 본연의 창조목적을 찾고, 참으로 중요하고 고귀하며 꼭 해야 될 일을 놓치지 않도록 하라고, 상황과 분위기 및 여건을 보여 주시며 이끌어 가시는 듯 사료된다.

흔히 세류(世類)에 물들은 사람들은 청춘과 젊음이 지나가 버려, 몹시 아쉽다고 하겠으나, 봉사자로서는 나이 60대 중반에 이르러 만끽할 수 있는 기쁨과 보람을 전혀 새롭게 맛보게 되어 즐겁기도 하다. 신체적으로 정신적으로 분명 60대가 되면 이전과는 다르게 살게 된다. 신체적으로는 안정성과 편안함이 뚜렷하게 다가옴을 감지할 수 있다. 신체의 욕구를 채우기 위해 무엇을 먹고 싶다든지, 또한 어떤 멋있는 의복을 입어 보고 싶다든지 하는 소위 '형이하학적인' 요구 사항들이 점차 잠잠해져 온다.

어느 봉사자의 경험을 바탕으로 말씀드리자면 정신없이 바쁘게 사람들 모임에 들어가고 대화도 하면서 이리저리 다니다 보니 점심을 안 먹은 것이 생각났는데, 오히려 이 사실로 인하여 더 큰 기쁨을 맛볼 수 있었다고 한다. 배고픈 줄 모르고 사람들 만나며 어려운 이들을 돕다 보니 끼니 시간을 넘겼는데도 기분이 참 좋게 느껴진 것이다.

정녕 육신의 요구 조건이 아무런 부담을 남기지 않으면서 잊어졌던 것이다. 사람들과의 공동체적 관계가 편하니까, 그것에서 오는 희열과 보람이 힘을 북돋우어 다른 부수적인 것, 심지어 배고픔의 어려움조차도 상쇄하고, 성과와 결실이 훨씬 많이 증대되어 크게 다가옴을 감지할 수 있었다고 한다. 잠깐이지만 굶주림이 오히려 회열을 느끼게 되는 경험은 쉽게 맛보기 어려운, 봉사 인생에서 오는 또 새로운 축복이라 하겠다.

연세 팔순이 넘은 어르신들께서 종종 밥맛이 없다고 약간의 술로 반주(飯酒) 해야 식사를 할 수 있다는 말이 이따금씩 생각나며 이해가 된다. 약주를 찾는 이유가 달라진 것이다. 이 같이 변화된 정신과 의식 배경에는 부족한 가운데서도 신(神)만을 찾으며 그분 안에서 열락과 행복을 약간이지만 맛보고는 더욱 심오하고 항구하게 느끼려 하며 살아왔기 때문일까? 아니 적어도 행복하게 사는 법을 익히려 노력하였기 때문에 얻게 된 상급(賞給)이 아닐까, 하고 감히 매우 교만스럽게 추측해 본다. 쌓여 가는 연륜과 함께 이 같은 확신이 더욱 더 견고해지는 것은, 봉사에 대한 은혜로움의 축복이다.

세속적 가치관에 깊이 몰입하여 살아왔다면, 늘 아쉬움과 함께 때로는 깊은 한숨과 못 채운 갈증 속에, 넘쳐 나는 소유욕, 명예욕, 지배욕, 향락욕 등에 미련을 두면서 불안정하고 불만족한 노후를 지내고 있을지 모를 일이다.

20세기의 위대한 심리학자 중 한 사람인 알프레드 아들러는 인간의 뛰어난 특징 중 하나는 부정적 요소나 단점을 긍정적 요소나 장점으로 변화시킬 줄 아는 능력이 있다는 점[34]이라고 했다. 각자의 약점을 오히려 새로운 도약과 성숙의 자극제로 받아들이며 봉사에 지칠 줄 모르는 사람들, 그들 역시 훌륭한 사람들이라 할 수 있겠다. 그들은 자신의 약점을 겸허히 받아들이고 인정하며 타고난 탤런트는 약소하지만, 보다 나은 봉사 활동을 할 수 있도록 잠재되었던 능력을 발휘하여 최선을 다해 그것을 확대시킬 줄 아는 봉사의 축복받은 전문가들이라 하겠다.

누구라도 인생의 어떠한 길을 걸어가더라도 봉사하는 마음, 봉사하려는 의지, '봉사 DNA'를 가지고 임한다면, 그 정도에 따라 단

---

34 참조 알프레드 아들러, 『개인 심리학 이론』, 4장.

점을 장점으로 변화시키는, 보다 가치 있는 생애가 결정될 것이라 생각한다. 그러한 봉사 인식을 심중에 깊이 새기고 간직하게 되었다면, 참으로 그것은 신에게 감사해야 할 축복인 것이다.

이런 측면에서 되돌아보면, 이 나이에 이르기까지 알게 모르게 창조주께서 인내하며 기다려 주시면서 자비를 베풀어 주셨고, 그러한 자비와 함께 다양한 축복을 풍성하게 받아 왔음을 인정하지 않을 수 없다.

대단히 소박한 바람으로서, 개인적으로 느끼게 되는 이러한 축복을 형제자매들 사이에서 자주 서로 기원할 수 있으면 좋겠다는 생각이다. 축복·축원해 주는 사회 문화 기류가 점차 보편 일반화되어, 비방하거나 악플을 난발하는 것이 아닌, 진실한 찬사와 선플[35]을 통해 상대방의 행복과 성장, 발전과 번영을 염원하며 축복해 주는 문화가 우리 민족의 의식 깊이 정착되기를 온 마음으로 간절히 소망해 본다.

이유는 쉽게 생각해도 예컨대, 우리 민족 가운데 사업이 잘 되어 국제적으로 수출을 대규모로 하는 업자들이 많아진다면, 자연히 우리나라의 개인 소득은 높아질 것이며, 개인적으로도 그런 사람들에게 가서 적어도 어떤 도움을 받거나 경험들을 배울 수 있는 기회가 많아지게 될 것이다.[36] 게다가 축복을 기원하게 되는 마음은

---

35 악플의 반대 용어로 많은 사람들의 대화와 소통(疏通) 문답에 회자(回刺)되기를 소망한다.

36 그러니 타인이 잘 된다고 하여 질투하거나 폄하하거나 시기하는 좁은 심보를

168

선하고 이타적인 마음을 가져야 가능한 것으로 축복 문화가 보편화되면, 적어도 남을 속이거나 부정행위 같은 것을 좀 줄일 수 있을 것이며, 자연히 범죄율도 줄게 될 것이다.

동시에 축복해 주는 이들도, 남을 비방할 때의 놀부 같은 어두운 심보가 아니라, 밝고 가벼운 마음을 가지게 되어 몸과 마음 모두 건강하게 되며 그만큼 우리 사회는 더욱 밝고 투명하며 정이 넘치는 공동체가 되겠다. 나아가 자라나는 후세에게도 점차 보다 성숙하고 아름다운 사회를 남겨 줄 수 있겠다. 예컨대, 절도 행위를 하면서 경찰에 붙잡히지 않도록 또는 미운 사람에게 재앙이 내리도록 신에게 기도할 수는 없는 것이다.

이러한 문화는 서구 사회에서 이미 익숙한 관습이 되어 있다. 대통령의 취임 선서 끝부분에 "So help me, God(신이여, 저를 도우소서.).", 일상생활 중에 곧잘 "God bless you!(신의 축복이 있기를!)" 하고 말하며 어느 나라는 'In God We trust(우리는 신을 믿는다.).'를 국가 표어로 설정하여 자국 주요 지폐에 새겨 놓고 각종 경제 활동에 사용하고 있다. 이 말과 표현을 사용하거나 발설하는 자는 신앙과 관계없는 사람이라 하여도, 신을 찾으며 도움을 호소할 줄 안다는 것이다.

축복의 문화가 보편화되고 민족의식 저변에 깊이 정착된다면,

가져서는 결코 안 되는 것이다. 자기 자신의 정신 건강은 물론 신체적 건강에도 위해(危害)가 된다. 오히려 박수를 치며 축하해 줄 일이다.

봉사 의식 또한 보다 널리 전파되고 다양하게 자리 잡게 되겠다. 그러면 자연스럽게 자원 봉사자들도 많아질 것이며 뿐만 아니라 봉사할 기회도 더욱 다양하게 확산되며 집단 성취감과 대중적 보람도 많은 이들이 체험하게 되어, 어려운 이들이나 장애우들을 위한 천사의 손길이 보다 따뜻해지고 풍성해질 것이라 믿는다.

* 위로

   신의 엄청난 사랑에도 불구하고 사람은 살아가면서 완전무결하게 죄 없이 살기는 거의 불가능하다고 본다. 언제나 가만히 되새겨 보면 크고 작은 양심의 가책이 떠나지 않는 것이 사실이다. 그래도 양심의 커다란 가책 없이 살 수 있다면 매우 다행한 일이라 할 것이다. 소소한 잘못까지 성찰하면, 봉사자들도 그릇된 점과 죄가 없지 않겠으나, 엄청난 양심의 가책이나 혹은 자기 자신이 너무나 끔찍이도 증오스러워 있는 그대로 용납하거나 받아들이기 어려운 순간이 자주 있는 것은 아니다. 봉사함에서 오는 뜻밖의 선물이며 또 하나의 위로인 것이다.

   가만히 되새겨 보면, 세상을 살아오면서 60세 이상 되는 분들은 기억하겠지만, 초등학교 이후 많은 친구들을 먼저 떠나보내면서, 지금까지 (용케) 살아남은 것을 지각(知覺)하게 된다. 어릴 때부터 후진국형 재난으로 연탄가스 중독, 건널목 교통사고, 여름 익사 사고, 각종 전염병과 질병 등으로 많은 어린 친구들과 기나긴 작별을 해야만 했다.

   더불어 비록 세상을 떠나지는 않았으나 전후(戰後) 어려운 정치,

경제 사정과 개인적 상황이 여의치 않아 여전히 힘든 처지의 친구들이 많았다. 연학(硏學)을 더 이상 계속 못 하고 중도에 직업 전선으로 나서야만 했던 이들, 순간적인 실수로 민·형법상 죄를 범하여 감방으로 가게 된 이들, 배우자를 잘못 만나 아주 어렵게 된 이들, 보증과 담보를 잘못 서서 곤경에 처한 이들, 고질병과 희귀병 때문에 늘 병약한 모습으로 병원을 들락거리며 살아야 하는 이들, 시도하는 사업마다 제대로 되지 않아 빚더미에 주저앉아야만 했던 이들, 나이 들어 자녀들의 분란으로 늘 속앓이를 하며 노후를 걱정해야 하는 이들, 세속적 향락에 깊이 빠져 허우적대다가 결국 건강을 포함한 모든 것을 잃고 걸인이 된 이들 등등 다양하게 생(生)의 뼈저린 질곡에서 신음하는 이들이 적지 않았던 것이다.

이처럼 구렁텅이와 함정이 지척에 널려 있었건만, 이런 가운데 아무것도 모르고 그분만 바라보며 진선미 가치를 추구하고 살아왔던 지난 세월을 돌아보면, 그저 감사드리며 보은의 정신으로 봉사의 길에 무디고 더딘 걸음을 내딛게 된다. 스스로 부족하고 보잘것 없음을 누구보다도 잘 알고 있기에, 그분 자비에 의탁하면서 하나하나 조금씩 시정하며 이른바 개과천선할 의도와 기회를 많이 가지려 노력을 기울이며 순수한 봉사에 임하고자 하는 것이다.

이러한 노력의 마음 자세로 십 년, 이십 년 살다 보면, 그래도 풋내기 애송이 때의 어처구니없는 과오나 협심(狹心)한 마음터 밭에서 벗어나 보다 넓고 심도 있으며 승화(昇華)되어 가는 자신을 발견하며, 신께 감사드리고 그분 대전에 나아갈 준비를 차곡차곡 하며 여생을 보내게 된다. 그리하여 봉사자들은 그분의 보살핌과 자애로움 한가운데서 살아온 생애임을 확연히 깨닫게 되며 마음 깊이 보은의 정이 절로 넘치게 되는 것을 제어할 수 없는 것이다.

가만히 지나온 나날들을 되새겨 보면, 많은 경우 누군가의 헌신과 도움 덕분에 오랜 세월 거의 무탈하게 살아올 수 있었다는 사실 또한 부인하지 못한다. 동시대인과 동공간인(同空間人)[37] 모두가 서로 간에 기도해 주고 기운을 북돋아 주는 가운데 상호 힘과 용기를 얻고, 보다 원만하게 주어지고 맡겨진 소임을 이행할 수 있었다고 생각한다. 사회 구성원 상호 간의 힘들어 하는 이들을 우선적으로 생각해 주는 마음이 봉사 나무의 씨앗인 것이다.

이러한 헌신적 봉사와 돌보는 일은 신께서 먼저 실행하셨다. 우리 인간이 뭔가 아쉬워하며 부족하다고 느낀다면, 그분은 어떻게든 그 아쉬움을 풀어 채워 주시려 하신다는 것을 체험으로 느꼈다. 진실로 그분께서는 모든 사람에게 각자 원하는 것을 심지어 소소한 갈망까지도, 구원에 방해가 되지 않으면, 가능한 허락하시며 소망을 들어 주시고 풍성한 위로를 베푸신다.

예컨대, 어떤 신앙인이 성경 공부의 매력에 깊이 빠져 있으면, 그분께서는 그에게 성경을 공부하고 묵상을 연구하며 나누는 것과 관계되는 직책이나 역할에 정진할 수 있도록 이끌어 주시기도 한

---

37 동일한 공간에 머무는 사람들.

다. 또한 토마스 아퀴나스 같은 학자에게는 그분께서 당신의 비밀과 신비를 당신 허락하는 만큼 드러내시며 위로와 기쁨을 주신다.

뿐만 아니라 일상적이며 소소한 마음속 바람도 들어주신다. 예를 들면, 바다를 보면서 자연을 만나고 싶어 하면 그 소망이 이뤄지도록 바다를 볼 기회를 자주 허락하신다든지, 프란츠 리스트의 피아노곡을 듣고 싶은 생각이 일어나면 불현듯 그러한 음악 작품을 들을 수 있는 기회와 여건을 혹시 좀 늦을지라도 어떻게든 마련해 주심을 거듭 체험할 수 있다.

특별히 신의 뜻을 찾고 따르며 이웃을 돕는 이들과 여러 다양한 봉사자들에게 다만 그 정도의 차이가 있을 뿐 마찬가지로 적절히 자비와 위로를 베풀어 주시는 것으로 여겨진다. 사회 공동체와 이웃을 위하여 어떻게든지 조금이라도 생활이 진척되고 도움이 될 수 있도록 불철주야 노력하고 힘쓰며 고민하는 것에 대하여, 자비로우시며 전지하신 조물주께서는 아주 미소한 단 한 가지도 결코 모른 체하거나 무시하지 않으신다. 오히려 훗날 언젠가 그에 대한 보답을 해 주시는 것을 적지 않게 체험할 수 있다.

이렇게 말할 수 있는 근거로서 그리스도의 제자라 하여 냉수 한 그릇 준 것도 그분께서 보답하시며, 숨은 일도 보신다고 하셨다. 이런 점에서 타인의 일과 행복을 위해 봉사하는 이들에게 대해서 그분께서는 결코 과소평가하거나 잊지 않으시며, 그 봉사자를 위해서는 당신이 도와주신다고 말할 수 있는 것이다.

필자 혼자의 착오라고 치부할 수 있겠으나, 가만히 묵상해 보면 이따금씩 그분께서는 봉사자들에게 심지어 어떻게든지 지루하게 느끼지 않도록 뭔가 베풀어 주시려 하신다고 느껴짐을 부인하기 어렵다. 이런 점에서 감사하는 마음도 갖춰야 하지만, 더욱 중요한 것은 위로의 은혜에 대하여 교만해지지 않도록 절제와 겸손의 마음을 놓치지 않아야 한다는 것이다. 자기 비움[kenosis]의 상태를 가능한 유지하려 하면, 바로 그것이 그분에게서 오는 또 다른 어쩌면 진정한 위로와 용기가 됨을 강하게 깨닫게 된다.

신께서는 당신 자비를 간절히 필요로 하는 이들에 대하여 결코 모른 체하거나 소홀히 하지 않으신다. 그래서 누군가 그러한 봉사를 해 줘야 하는 것이 필수불가결한 상황일 때, 그에 응답하는 봉사자들에게 필요한 사랑과 자비를 충분히 허락해 주신다.

이러한 사실은, 일하고 있는 봉사자들의 얼굴 표정이나 안색이 대부분 밝고 기쁨과 보람을 느끼며 쉼 없이 꾸준하게 헌신하면서 남의 눈을 의식하지 않고 일하며, 대화를 해 봐도 피곤해하거나 억지로 하는 것이 아님을 볼 때, 분명히 알 수 있게 한다. 봉사하며 나름 그 보람과 가치를 체득하고 있다 하겠다.

이런 점에서 조물주께서는 선한 이들이나 봉사자들이 이 땅에서부터 행복하게 생활하고 열심히 직무에 투신하여 보람과 결실을 맛보며 기뻐하기를 원하시며, 그렇게 이끌기를 의도하고 계시는 듯하다. 이러한 의도는 고귀하고 아름다운 갈망을 채워 주는 더없이 귀중한 격려와 위로가 된다.

우리 인간은 세상의 좋은 말과 글도 다 못 만나고 가는 인생으로서, 가능하면 귀하고 좋은 말과 사색을 많이 듣고 만나도록 힘써야 할 터인데, 봉사자가 그러하다. 일반적으로 봉사자는 좋은 말씀이나 묵상을 많이 만나게 되어 있으면서, 아무래도 위로와 격려받는 기회가 비봉사자들보다는 많다고 하겠다.

곧 봉사자는 도움이 되고 필요한, 보다 긍정적이며 활력을 불어넣는 말씀과 묵상을 많이 접하면서 큰 위로와 힘을 얻어 세상의 비인륜적 상황과 어려움을 잘 이겨 내고 치유하는 데 가능한 폭넓게 일조하고 투신하게 된다. 이것은 봉사자의 은혜롭고 자랑스러운 의무와 책임의 중요성을 나타내고 있는 것이다.

여기에 힘을 얻어 신께 더욱 의탁하면서 봉사자는 가까이 보고 만나는 사람들의 행복과 구원을 위하여 더욱 큰 꿈과 원대한 계획과 갈망을 키워 간다. 뿐만 아니라 그들은 공간적으로는 떨어져 있어도 같은 시대를 살고 있는 모든 사람과 또한 장차 나타날 후시대 사람들을 위해서도 필요한 사람들이다.

또한 동시대 사람들을 위해서 올바른 가치관을 전파하며 실천하고 공간적으로 가까이하지 못하는 전 인류 공동체를 위해 때로는 선한 마음에서 영적으로 교감을 이루고 연대를 형성하게 된다. 특히 고통받는 민족을 위해 일하거나 가능한 도움을 주고자 노력한다.

그리하여 훗날 태어나 세계를 이어 갈 다음 세대, 특별히 하늘나라와 진리를 찾는 이들을 위해서도 먼저 세상을 답습한 선배로서 필요한 덕행과 지혜를 저서와 글로써 남겨 두어 도움이 되도록 하기도 한다. 가끔 유서 깊은 도서관이나 문서고에서 오래된 자료가 발견되어 기존의 사실을 뒤엎으며 새로운 사실을 깨닫도록 해 주거나, 고대 현자들이 일생을 거쳐 연구한 탁견을 남겨 준 명저들이, 오늘날에도 여전히 요청되는 현명한 통찰력과 식견을 현대 세대에게 제공해 주는 경우도 있다.

8

열정 … 역사의 엔진

무엇을 추진하고 성취한 그 결실은 궁극적으로 투사한 열
정에 정비례한다.

* 명견

　우리 인간은 철학적, 신학적 식견을 넓혀 가면서, 상황과 상태를 보는 관점에서도 우물 안에서의 생각을 벗어나 광활한 지평을 만날 수 있게 된다. 이를 테면, 학생들이나 젊은이들에게 흔히 몇 번이고 반복 강조하며 권고하기를, 코앞의 한 그루 나무만 바라보지 말고 넓게 멀리 숲과 산림을 볼 줄 알아야 한다고들 말한다.

　여기서 나아가 세상의 관점에서 바로 앞만 보는 것이 아니라, 신의 관점에서 그분의 눈과 귀로 바라보고 들어야 보다 중요한 것을 놓치지 않도록 하는 식견이, 풍성하지는 않을지 몰라도 비교적 많게 될 것이다. 왜냐면 가능한 한 그분의 뜻을 염두에 두고서 사리(事理)를 판단하고 명견(明見)을 발휘하고자 하기 때문이라 생각된다.

　이럴 경우 보고자 하는 시야와 그 범주가 일반적인 경우보다 훨씬 넓고 심오하게 되는 것은 부정할 수 없는 사실이다. 이와 같은 관점과 시선은, 곧 그분의 눈과 귀와 마음으로 감지하게 되면서 인간이 살아가며 받게 되는 수많은 유혹에 대해서도, 유혹 그 너머를 볼 수 있는 능력이 향상되고 유혹을 극복할 수 있게 도와준다. 곧 재물이나 향락이나 권력이나 명성이나 각종 유혹거리를 이겨 내는 데 한 가지 훌륭한 방법이 되는 것이다.

가시적 물질 중심 사고방식에서 물질 너머 비가시적 영역을 통찰하려는 마음과 의지를 갖게 되면, 사람을 만날 때에도 외적으로 드러난 상황만 시야에 들어오는 것이 아니다. 될 수 있으면 영적 상황을 보려 하고 영혼을 만나 보려고 열성을 기울여 노력하는 것이 중요함을 깨닫게 된다. 이것은 후천적인 것이지만, 노력하다 보면 조금씩 영적인 관점으로 접근해 가게 된다. 곧 사람이나 상황을 보더라도 육안으로 파악되지 않는 부분까지 곧 영적으로 보게 되는 심오한 혜안이 형성되기 시작한다.

이런 가운데 신께서는 특별히 봉사자들을 더욱 돌봐 주시며, 당신의 섭리와 보호하심을 느끼고 알도록 해 주신다. 흔히 중요하고 특별한 일이 발생하면, 역사적 사건 또는 역대급 결과라든지 거창한 표현을 사용하여 묘사한다. 그런데 사랑과 친교의 관계에서는 그렇게 거창하고 장대한 일들이 큰 역할을 한다고 말하기보다, 자주 빈번하게 소소한 일들이 거듭 반복되며 쌓여서 깊은 정이 들고 돈독한 관계가 형성된다고 할 수 있다.

조물주와 봉사자의 관계도 그렇다. 그분께서 어떤 특별한 은총과 자비를 내려 주실 때도 있으나 대부분 평소에 봉사자가 잘 알지도 못하는 가운데 늘 보살펴 주고 도와주고 계신다. 이것은 세월이 지난 후에 봉사자들이 어느 날 지나간 과거를 되돌아보니 그분께서 그때그때 함께하시며 나쁜 길, 그릇된 길로 가지 않도록 지켜 주시고 간혹 어려운 일이 있을 때에도 그 일을 해결해 주셨다는 것을 깨닫게 됨을 뜻한다.

이따금 봉사자의 삶 가운데 항구하게 그분께서 보다 가까이 현존하시면서 어떻게든 도움을 주시며,[38] 직간접으로 봉사의 여정에 동행해 주신다. 당장은 알지 못했으나 세월이 흐르고 때가 되면 그분의 도움과 현존을 명확히 알게 되는 것이며, 그분 사랑과 돌보심에 깊이 감사를 드리지 않을 수 없게 된다.

이와 관련하여 곧잘 일컬어지는, 현시대에 존경할 어른이 없다는 말도 새롭게 이해할 수 있겠다. 이 말은 다양한 의견과 여러 입장이 반영된 주장이 난무할 때, 그 중요 순위와 식별 판단을 올바르고 공정하게 내려주는 믿고 의탁할 만한 명견(明見)의 지도자 어른이 없다는 의미이다. 만일 있다면, 그들 견해는 편파적이거나 단편적인 것이 아닌, 대다수 민중을 바람직한 통찰과 인식으로 이끌고 진·선·미에 바탕을 둔 현명한 가치관을 잃지 않도록 도와줄 것이다.

곧 어른이라 함은, 누구나 체험하는 가시적, 신체적 요구에 사로잡히거나 끌려다니는 유약한 인간을 넘어, 물질적 생리학적 본능을 초월하는 정신세계에 더욱 관심과 중점을 두며 거시적 공동체적 시선과 비전을 제시할 수 있는 사람들인 것이다. 도산 안창호 역

---

38 그리스도께서도 소소한 일상에서 도움을 많이 주시며 정감을 나누었다. 아주 평이하고 일상적인 만남 안에서의 기적을 통해 선의의 사람들과 깊은 일치를 이뤘다.

시 당대에 이 같은 질문을 받았다. 그는 그 질문한 이에게, 당신이 바로 그 어른이 되시라고 하였다 한다. 늘 누군가의 헌신만 기대할 것이 아니라 우리 모두 스스로 나 자신부터 특히 봉사를 통해 어둠과 무지의 터널을 벗어나도록 등대와 횃불 역할을 하게끔 힘쓰는 것이 보다 훌륭한 태도가 아닐까 생각한다.

한편 앞서도 피력했지만, 일반 평이한 삶조차도 크고 작은 최소한의 수고가 필요한데, 독특한 가치와 고귀한 결실을 추구하는 봉사자의 삶에 요구되는 투신의 노력이 항상 조그만 규모일 수 없으며 봉사자 자신이 의도하고 갈망하는 희망과 목표에 비례하여 헌신과 양여(讓與)가 요청되는 것이라 하겠다. 이 말을 하는 이유는 봉사하는 이들에게 있어 기본적인 최소한의 자기 양도, 자기희생이 요청됨을 강조하기 위해서이다.

개인이든 공동체든 신께서 주시고 허락하신 선물은 매우 많다. 하지만 아쉽게도 많은 경우 인간은 신보다 그분의 선물과 피조물에 더 큰 애착과 갈망을 펴고 있다. 본말이 전도된 것이다. 창세기 아브라함은 그분으로부터 땅과 자손과 가축 등 풍성한 선물을 받았으나 그런 것에 마음 빼앗기지 않고 그분께 온 믿음을 두고 그분 마음을 얻으려 힘썼다.

그는 진정한 통합적 명견을 소유하였다고 하겠다. 당장 눈앞에 보이는 것에 안주하지 않고, 그 너머 신(神)의 의지와 마음을 볼 줄 알았다. 평범한 인간이라면 분명히 가시적인 재물과 비본질적인 것에 대한 유혹이나 근시안적인 나약함이 있을 수 있다. 그러나 명견을 가지고 임하는 자세라면 그러한 나약한 약점은 극복할 수 있게 된다.

봉사자의 마음밭도 이와 같이 봉사에 대한 결실이나 열매를 탐하거나 의식해서는 안 된다. 그 너머를 보는 혜안, 명견백리가 필요한 것이다. 순수한 열의를 가지고 행하는 봉사 행위라면 자연스럽게 명견이 열리며 보다 더 큰 성과와 더 넓은 혜택을 위해 매진하게 되는 것이다.

우리나라 철도를 보면 종착역에 이르기까지 간이역이 많은데, 종착역까지 가지 않고 경치가 좋다며 중간 어느 간이역에서 하차한 것과 다를 바 없다고 하겠다. 간이역이 아무리 좋게 보이고 평화롭게 보이더라도 간이역에 내리면, 종착역에 가지도 못한 채 여정은 막을 내리게 될 것이다.

이것은 공간적 사례이며, 시간적 실제 사례도 있다. 서울 지하철을 생각해 볼 수 있다. 전해 듣기로는 1호선 서울 지하철을 처음 공사할 때 당시의 각오와 결심들은 임직원 모두가 그냥 단순히 월급 받기 위해서 일한 것이 아니라는 것이다. 지금은 잘 보이지 않으나, 한때 동대문역 구내 시민들이 오가는 곳에 부착된 철판에 지하철 공사에 임하는 초대 엔지니어들의 각오가 엿보이는 글이 기록되어 있었다.

당대의 서울 시민은 물론 장차 태어날 후손들을 위하여 많은 정성을 들이며 보다 성실하고 꼼꼼하게 작업했다고 알려진다. 이런 연유로 오랜 세월 동안 수많은 사람들이 매일 이용하지만, 아파트나, 백화점이나 한강 다리처럼 무너지거나 대형 사고가 발생되는 일은 없는 것이다.

미시적으로만 보면 보이는 것이 전부이지만, 거시적으로 멀리 넓게 고찰하면 더욱 많은 것이 보이며 보다 중요한 것을 깨닫게 된다. 지나가는 것에 마음을 주지 않고 궁극적인 것에 마음을 두고 나름 필요한 만큼 자제하며 살아가는 봉사자라면 보다 한 차원 높은 명견을 가지고 인생과 세상을 바라보며 성찰을 거듭하면서 살아가게 될 것이다.

솔직히 이 졸저를 집필하는 필자의 이른바 작가 정신 역시 필자가 세상을 하직한 이후에도 존경하는 후세대에게 펼쳐질 미래와 인류의 앞날이 인류 공동체가 사랑과 존경이 넘치는 모습으로 더욱 발전 개선되어 가는 나날이 되기를 바라는 아주 소박한 희망으로 펜을 들었다.

이 같은 의지에서 솟아나는, 비록 초기에는 솔직히 비천할 수 있지만, 투시력과 통찰력은 모든 사람에게 요망되는 것이며 꾸준히 노력하고 추구하면 얼마든지 획득할 수 있는 탤런트라고 하겠다. 이런 일을 봉사자들은 기꺼이 도울 수 있으며 마땅히 도와주어야 하겠지만, 무엇보다도 현대인 각자 스스로 자신이 간파하는 능력을 증진시키려는 노력의 자세와 마음가짐의 연마(研磨)가 긴요하다고 하겠다. 연륜과 관계없이 미래를 성실히 준비하며 꾸준히 힘쓰는 사람에게는 훌륭한 봉사자도 나타날 것이며, 모든 것이 원만하게 잘될 수밖에 없는 것이다.

.

* 감동

    필자의 고유한 습성이며 체질이라서 그런지 모르겠으나, 좋아하는 일을 찾아서 꾸준히 하다 보면 그에 따른 보람과 성취감을 느끼고 기대하며 아주 큰 행복을 맛볼 수 있다. 물론 인간은 유한한 존재로 신체를 갖고 세상에 태어난 후에는 생명이 다할 때까지 항상 무엇인가 필요로 하고 갖춰져 있어야 하며 결핍된 것이 채워져 있어야만 한다.

    그런데 대다수 봉사자들은 인간의 고귀한 존엄성과 천부적 가치를 (무의식적으로도) 알고 사랑하기 때문에, 그 사랑을 펼치고 구현하기 위해서 제공해야 하는 희생에 대해서는 아쉬워하거나 아까워하지 않고 기쁜 마음으로 내어 줄줄 안다.

    쉽게 말하면, 어머니들이 한 겨울에도 이른 새벽 먼저 일어나 자녀들을 위해 얼음 깨어 밥 짓고 음식 준비하며 잘 먹도록 하는 데 요구되는 희생과 수고를 아까워하거나 마지못해 하지 않는 모습에 비유할 수 있다. 오히려 당신이 마련한 음식을 먹고 무럭무럭 잘 자라기를 바라고 깨끗이 세탁한 옷을 입고 기쁘게 하루를 시작하기를 간절히 소망한다.

오스트리아 출신의 마리안느 수녀님과 마가렛 수녀님은 소록도에서 43년간 한센인들을 위해 봉사하였다. 참으로 그들은 그리스도를 닮은 수녀님들이다. 가난하고 비천하고 아무도 보아주지 않은 소록도 사람들에게 사랑을 실천한 수녀님들! 이제는 나이 들어서 다른 사람들에게 부담을 줄까 봐 아무도 모르게 이른 새벽 편지 한 장 남겨 놓고 슬쩍 고향으로 가 버린 수녀님들을 소록도 사람들은 그리워한다. 진정한 봉사는 어떻게 하는 것인지 보여 준다고 하겠다.

그러므로 기쁘게 바치는 것은 이미 희생이 아니라 정성이 가득한 선물이며 영육 간의 영양가 높은 양식이 되며 감동의 씨앗인 것이다. 이러한 봉사에서 오는 희생이나 부담은 이미 어떤 짐스러운 것이 아니라고 하겠다. 어렵고 힘들게 보이는 노고와 수고이지만, 사랑의 마음으로 임하기에 편하고 가볍게 느껴지며 감동을 일깨운다 할 수 있을 것이다.

과연 오랜 세월 미천하지만 나름대로 봉사하며 살아 보니, 성경 말씀대로[39] 정말 편하고 가벼울 뿐 아니라 물질적인 것이 주지 못하는 환희와 열락과 기분 좋은 놀라움(happy nice surprise), 감사와 새로움, 이해 지평의 확산, 인식과 통찰의 심화 및 고도화, 해석의 다변화 등등 이루 말할 수 없이 많은 은총을 받게 되었다. 한마디로 감동적이라고 감히 고백할 수 있다. 이 모든 것은 신의 섭리와 자비

---

39 참조 마태 11:30.

없이는 설명할 수 없는 것이다.

　욕심 많은 필자는, 그럼에도 불구하고 필자에게 겸허한 덕망이 좀 더 있었더라면 그분으로부터 받을 수 있는 더 큰 사랑과 은총을 개인적인 이기적 욕심 때문에 다 못 받고 지내 왔음을 시인하고 고백하는 바이다. 나의 받을 수 있는 그릇 용량이 이것밖에 안 되는데 어쩌겠는가? 그저 이 정도에도 그분께 무조건 감사드리고 찬미드려야 한다고 무릎을 꿇고 고개를 숙인다.

　한편 이 세상을 마감할 날이 가까이 다가온 나이 많은 어르신들, 특히 주로 받기만 하며 살아온 이들이 고백하는 지나간 생애 중 후회스런 점 가운데 공통적인 것 하나는, 생애 대부분의 시간과 능력을 자기 자신만을 위하고 그냥 향락과 흥미만을 위해 돈을 뒤쫓았으며, 보람을 느낄 수 있거나 자존감, 자긍심을 느낄 수 있는 기회를 멀리해 온 것을 아쉬워한다고 한다.

　곧 나이 들어 사랑하는 이들과의 이별 못지않은 아쉬움으로 이 세상에 와서 나 자신만을 위해서만 달려왔지, 인류와 후손들을 위해 해 놓은 것이 도통 아무것도 없다는 것이다. 이 사실을 깨닫고 시인해야 되었을 때는 정말이지 그 수많은 세월동안 뭐하며 지냈는지 못 견디게 미칠 것 같은 후회가 밀려왔다는 어르신도 있다. 이웃이나 어려운 이들, 도움을 청하는 이들에게 모른 체하거나 도와주더라도 너무 성의 없이 도와주고 자린고비로 살아왔다고 생애 끝자락에서 뒤늦게 후회하고 있다.

그렇게 수전노로 살지 않아도 될 것을 받거나 얻는 데만 신경 쓰며 너무 이기적으로 살았다는 것이다. 자신이 내어 줄 게 없었던 것도 아니라고 했다. 사랑과 자비를 나누고 베풀 수 있는 것이 재물만이 아니라 조그마한 물질이라도 좋고, 시간이라도 함께하고 배려와 친절, 관심과 아량 등등 찾으면 분명 없지 않았다.

이웃과 타인을 위해 신경 쓰고, 역지사지의 생각을 습관화 하지 못한 것이 못내 안타까워진다고 한다. 나의 지금까지의 삶은 사실 내가 아니라도 얼마든지 대신할 사람은 차고 넘치는데 인류를 위해 벽돌 하나라도 놓아 주지 못하고 떠난다는 생각에 너무나 아쉽고 안타깝게 느끼게 된다.

참으로 진솔하고 투명하게 되돌아볼 때, 마침내 늦게나마 무엇이 진정 귀중했던 것인지 깨닫게 된 것이다. 이것을 그래도 기력이 좀 있을 때, 아니 적어도 10년 전에만 터득하였더라면, 이렇게 후회하거나 마음 쓰라리게 아파하지 않았을 텐데 하며 서글프게 느껴진다고도 하였다.

이런 관점에서 어르신들은 나이 들어 자신의 생애를 되돌아보면서 다음과 같은 느낌을 갖는다고 한다. 일생 중 만났던 사람들을 위하여 사랑과 은총을 왜 다른 이들 특히 고통받는 이들에게 더욱 나눠 주지 못하고, 왜 좀 더 아낌없이 스스로를 내어 주지 못했는가 하는 반성과 회한을 온 마음으로 느낀다고 한다. 뒤늦게 사랑과 봉사의 감동에 스스로 목마름을 절실하게 깨닫는다고 하겠다.

인생을 그렇게까지 어리석게 주먹을 꽉 지고 허둥지둥 생애를 낭비해 왔다고 너무나 아쉬워하였기에, 만약 다시 기회가 생긴다든지 다시 사람들을 만나게 된다면 손해가 있더라도 무조건 내어 주고 반드시 베풀고 봉사하는 인생으로 살고 싶다고 하였다. 바로 그러한 이타적 삶이 실제로는 더욱 값지고 축복과 감동 넘치는 생애가 되어 노년에 후회를 줄일 수 있는 것이다.

이따금씩 베푸는 삶이 아쉬운 대로 좀 있었던 이들은 생애 말년에 조그마한 위로와 감흥을 맛보는 경우가 없지는 않다. 그러나 더 못 주고 눈과 귀를 더욱 크게 열지 못했다는 점이 씁쓸하게 남는다고 한다. 신의 말씀을 받아들이고 박애 정신에 눈뜰 수 있었기에 이만큼이라도 내어 줄 수 있지 않았는가 하며 스스로 달래 보기도 한다고 한다.

동물들 중에도 다른 동료들을 위해 먹거리를 남겨 두거나 아프고 힘없는 늙은 동료를 도와준다. 한번은 필자도 TV에서 우연히 사자들을 보았는데, 해설자의 설명처럼 젊은 사자들이 늙고 병든 수사자를 위해 의도적으로 들소의 부드러운 부위를 먹지 않고 남겨서 천천히 그 수사자가 먹도록 하는 장면을 본 적도 있고, 펠리컨처럼 물고기 중에도 새끼들을 위해 자신의 몸을 먹이로 내어 주는 모성애와 부성애를 묘사한 글을 읽은 적이 있다.

이따금씩 평범한 사회생활의 여정 중에 느끼게 되는 감동 역시 그 깊이와 강도가 심오한 가운데 적지 않게 나타난다. 의도적으로 시도하지 않고 그냥 해야 될 일을 성실하게 열심히 실행하다 보면 덤으로 감동을 얻게 되는 것이다.

우리 자신들의 수고와 봉사로도 감동을 맛보게 되겠으나, 선의를 가지고 임하는 여러 천차만별 각인각색의 다른 봉사자들 가운데서도 다양하게 여러 빛깔의 감흥과 감격을 직·간접으로 만날 수 있게 된다. 이러한 것은 때때로 봉사에 대하여 오직 신께서 맛보도록 베풀어 주는 은총이며 격려라고 하겠다.

어느 날 진정 크게 느낀 감동은 그 고양된 기운과 감정이 적어도 일주일간 길게는 평생 여운이 계속될 수 있다. 감동은 열정으로 연결되어 감동을 느낀 깊이 그만큼 결초보은의 정신으로 억누를 수 없는 열정이 되어 용솟음치기 시작하는 것이다.

* 열정

    인간의 욕구는 무한하다. 무엇 한 가지 A라는 것을 몹시 갈망하다가 겨우 획득하게 되면 그다음 B라는 것을 알아보기 시작하며 A에 결코 만족할 줄 모른다. 그 후 C, D…. 그야말로 끝이 없다. 사람은 누구나 그처럼 채워지지 않은 부족한 점과 미완(未完)의 약점이 있다. 그러한 약점이 있기 때문에 더욱 노력하게 만들고 겸손하게 되는데, 열정은 인간이 지닌 한계와 단점을 이겨 내게 만든다.

    사람의 마음을 올바른 방향으로 곧 생활 패턴을 개선시켜 가는 것은 좀 어려운 과정이 요구될 수도 있다. 이럴 때 봉사 일꾼들은 용기백배하여 어려운 사람들을 잘 격려하며 열과 성을 다하여 봉사 여정에 더욱 정진하거나 다른 봉사자들과 협력하도록 해야 할 것이다. 여의치 않는 여건 가운데서도 어떻게든지 개선하고 발전시키려는 열의와 성의가 있다면, 당장 오늘은 아니라 하여도 머지 않아 그 비결이나 열쇠가 보이기 시작한다고 하겠다.

    인류 역사 안에 불가능하게 보였던 것이 가능하게 된 것이 얼마나 많은가! 대부분의 모든 것이 처음에는 도저히 가당치 않게 보이지만 포기하지 않고 열정을 가지고 반복하여 도전하고 시행착오를 거듭한 끝에 가능하게 될 뿐 아니라 더욱 나아진 경우가 인류 문명의 대부분이라 하여도 과언이 결코 아니다.

헬렌 켈러는 자신의 중복 장애를 통해서 인생의 진면목을 말하게 되었으며, 차이코프스키는 비극적 결혼으로 삶이 우울하고 슬펐으나, 음악에 대한 뜨거운 열정으로 비창과 같은 불후의 명곡을 작곡하게 되었다고 하겠다. 도스토예프스키 역시 끔직한 고통의 삶을 겪었으나 거부할 수 없는 열정으로 그의 명작을 낳을 수 있었고, 에디슨은 청력 장애가 있어 다니던 학교에서도 포기했으나, 혼자 있는 시간이 많고 강한 호기심과 열정이 있어 발명왕의 호칭을 얻게 되었다고 하겠다.

어떻게 보면 역사상 위대한 업적을 남긴 사람들은 흔히 극한의 고통을 만날 때 오히려 잠재된 열정을 불살라 삶의 풍성한 열매를 맺었다고 하겠다. 좋은 일을 하다 보면, 겪게 되는 어려움과 장애물이 있으나, 비 온 후 무지개처럼 봉사의 노고에 힘을 북돋우며 격려해 주는 그 무엇이 반드시 동반해 준다고 하겠다.

예컨대, 존 버니언은 얼음장 같은 감옥 속에서 『천로역정』을 집필하였으며, 파스퇴르는 반신불수 상태에서 질병에 대한 면역체를 개발했다. 밀턴은 시각 장애인이었으나 영국 최고의 시인으로 칭송받았다. 프랭클린 루스벨트는 38세에 소마마비에 감염된 하반신 불수(不隨) 장애인이었으나 미국의 대공황을 극복하였으며, 유일한 4선 대통령이 됐다.

한국인 이승복 씨는 미국으로 이민하여 기계체조를 하다가 큰 부상을 당하여 손가락 하나만 움직일 수 있었다. 그럼에도 그는 자기와 같은 처지인 사람에게 도움이 되는 사람이 되기로 결심하고, 열심히 재활하고 공부하여 하버드 의대에서 의학공부를 마치고 존스 홉킨스 대학 병원 재활의학과 과장이 되었다.[40]

아울러 열정을 거론하며 누구보다도 악성(樂聖) 루트비히 베토벤을 언급하지 않을 수 없다. 작곡가로서 소리를 듣지 못하게 된 난관도 만났던 그는 자신의 끓어오르는 열정을 오선지에 그대로 표현하였다. 그가 작곡한 월광 소나타 3악장, 열정 4악장 같은 곡을 연주할 때는 열 손가락이 모자란 듯 건반 악기인 피아노를 마치 타악기 다루는 듯 손가락이 아플 정도로 건반을 연타한다.

자연히 그 선율의 흐름 역시 폭풍이 몰아치는 듯한 음률로 공간을 채워 주고 있다. 악성 자신의 억누를 수 없는 피 끓는 열정을 음표의 포효(咆哮)로써 우리에게 전하고 있는 것이다.

미술계에서 열정을 언급할 때에는 파블로 피카소를 빼놓을 수 없다. 그는 평생 새로운 것을 추구하며 그림과 조각품 모두 합쳐 3만 점을 완성하였다. 쉽게 말하면, 눈만 뜨면 작품 활동을 하였다는 셈인데 그림 하나에 시가 2조 원을 호가하는 것도 있다. 게다가 순수 예술 차원을 넘어 인류 사회의 고뇌와 모순을 고발하는 작품도 남겼다. 내면의 활화산 같이 타오르는 열정을 자신의 작품으로 보

---

40 참조 이승복, 『기적은 당신 안에 있습니다』, 황금나침반. 특히 281, 282.

여 준 것이었다.

세종대왕 역시 오랜 기간 불철주야 집현전 학자들을 격려하며 직접 토론에도 참여하고 학자들을 중국에 13번이나 왕래하게 하면서 마침내 훈민정음을 창제할 수 있었으며, 에디슨 역시 3천 번 가까운 실험을 통해 최초의 탄소 전구를 발명할 수 있었다. 열정이 있었기에 가능한 결과였다.[41]

지쳐 있거나 힘들어 하는 이들에게 곧잘 힘과 에너지를 북돋우기 위하여 흔히 인용하기도 하지만, 열정 넘치는 봉사자의 모습을 묘사하는 말씀으로 이사야 예언서의 40장 31절을 꼽을 수 있겠다.

'주님께 바라는 이들은 새 힘을 얻고 독수리처럼 날개 치며 올라간다. 그들은 뛰어도 지칠 줄 모르고 걸어도 피곤한 줄 모른다.'

이 말씀은 타고난 스프린터 에릭 리델 선수의 실화를 바탕으로 제작된 명화 〈불의 전차(Chariot of fire)〉에서도 주인공이 자신의 신념과 열정으로 고백하는 내용이기도 한데, 봉사자들에게도 이 말씀을 체험하는 듯한 은총이 종종 있다. 그들은 일상생활에서 여러 가지 공적인 일로 분주한 가운데서도 열정을 놓치지 않고 힘쓰면서 많은 보람을 느끼며 정말 '지칠 줄 모르고… 피곤한 줄 모르는' 때가 드물지 않다.

---

41 최근에는 오랜 세월 1024번의 시도 끝에 '굳지 않는 떡' 제조 기술을 발명하여 떡 제조 관련 업자들은 물론 많은 이들에게 큰 도움을 주었으며 다른 나라에도 그 기술을 수출한 농촌진흥청의 한 귀정 박사 역시 한국 농업의 에디슨이라 할 만하겠다. (참조 ChosunBiz 23. 1. 22.)

다음은 열정 넘치는 활동을 펼쳐 온 어느 연로한 봉사자의 모습이었다. 온종일 분주하게 지내다가 하루를 마감하며 잠옷으로 바꾸고 전기 끈 채 잠자리에 누웠는데, 낮에 만난 가난한 명자 씨 가정이 생각나는 것이었다. 그 집 사춘기 딸이 부모와 다투고는 가출하였다고 하는데, 명자 자매는 신경 쇠약으로 몸져누웠다. 그래서 위로차 쌀 한 포대를 갖다 준다고 했으나, 깜박 잊고 잠자리에 들자 이제 생각나는 것이었다.

바깥에는 엄동설한 눈보라가 몰아치고 있었으나, 포근한 잠자리에서 다시 일어나 외출복으로 갈아입고 명자 씨 집 앞에 쌀 한 포대를 갖다 놓으며 낡은 초인종을 눌러 놓고 돌아오는 것은 열정이 시켜 가능하게 되는 것이라 하였다.

이와 마찬가지로 일찍이 제주 맥그린치 신부는 열정 어린 고민 끝에 가난했던 제주도민을 위해 어린 돼지를 분양하여 제주도의 양돈 사업을 일으켰고, 또한 전북 임실 성당에 부임한 벨기에인 세스테벤스(한국명 지정환) 신부는 농민들 소득 증대를 위해 치즈 사업을 일으켜 우리나라 치즈 산업의 원조가 되었다.

아울러 흑산도에서는 골롬반 선교회 신부님들이 심지어 조선소까지 건립하고 처음 건조한 배를 한국 첫 신부 김대건 성인에게서 이름을 빌어 대건호라고 명명하기도 하였다. 고종 38년 콩벨트(A. 공베르) 신부는 경기 안성의 빈곤한 주민들을 위해 모국 프랑스를 32차례 다녀오는 열정으로 마침내 안성 포도 재배를 성공시켰다.

이러한 실례는 오직 신자들과 주민들을 위하는 열정에서 여러 고민과 노고(勞苦) 후 시작된 것이었다.

교회 밖에서 들은 얘기이지만, 산업의 쌀이라고 하는 철강을 국내 처음 생산하기 위하여 포항 모래사장 위에 포철을 건립한 박태준 초대 회장은 얼마나 고생을 하였는지, 거의 자택에도 귀가 못하고 일하다 큰 병이 나서 병원 수술대 위에서 개복(開腹)하였을 때 모래의 주성분인 규사 덩어리를 갖고 있던 3kg 물혹이 나왔다 한다. 이 사실은 평소 얼마나 큰 열정을 가지고 헌신적으로 일하였는지 알 수 있게 해 준다.

그런 희생 위에 세계 굴지의 포철이 탄생한 것이며, 21세기 현재는 친환경 배터리 소재로 주목받는 리튬과 니켈 생산 단계까지 진화하는 기업으로 성장하여 우리나라의 미래 먹거리를 창출하고 있다 한다.

현시대를 창의성의 시대라고 한다. 과거에 없던 새롭고 참신한 것을 개발해 내고 창안해 내어야 경쟁력이 있는 것이다. 이를 위해 남보다 더 고민하고 연구하며 찾으면, 확실히 예전에 없던 창의적 생각이 떠오른다. 새로운 혁신은 열정이 없으면 거의 불가능한 일인 것이며, 궁극적으로 인류의 모든 도전 역시 최소한의 열정이 우선적으로 갖춰져야 할 필수 요소임을 부인할 수 없다.

어느 대그룹 창업자의 언급처럼 지능이나 출신 대학이나 학력에 관계없이 퇴근하고서도 심지어 화장실에서도 열정적으로 꾸준히 대안을 찾고 묘안을 추구하는 직원들은 마침내 결정적 열쇠를 간직한 해결책이나 획기적 방안을 창안해 낼 수 있다.

사실 평소 하던 대로 조그만 연구실 토론이나 학교 수업 시간에 꾸준히 거론되던 보잘것없어 보이는 담론이나 고찰이 훗날 인류 역사에 한 획을 긋는 경우도 얼마든지 가능한 것이다. 진심 어린 열정을 가지고 시작한 헌신적 봉사 노력 중에 세상에 무시해도 되는 것은 하나도 없다고 할 수 있겠다. 제 각각 조그만 디딤돌이 되어 커다란 결실로 발전할 수도 있는 것이다.

개인적인 시간조차 대의(大義)를 위해 헌납하며 헌신적인 자세로 창의성의 끈을 놓지 않는 열정적 봉사자들이 자기희생의 대가(代價)로서 결국 보다 뛰어난 통찰력과 견식(見識)을 창출하게 된다. 인간의 타고난 두뇌는 사실 어쩌면 도토리 키 재기에 불과하다[42]고 할 수 있다. 그러니 끊임없이 선공후사(先公後私)의 정신으로 봉사를 하게 되면 필요한 많은 아이디어들을 얼마든지 새롭게 찾아낼 수 있는 것이다.

이처럼 나눠져 갈라지는 마음 없이 오직 인류의 안녕과 복락을 위해 자신의 모든 것과 가능한 모든 시간을 스스로 헌정하고자 하는 봉사의 열정은 지고지순한 아름다움과 성스러움조차 드러난다 하겠다. 결국 신에게서 온 순수하며 열정 어린 봉사자의 모습으로 온전히 돌아가는 인생이라 할 것이다.

---

42 인간 두뇌의 능력은, 외국 학위를 취득한 경험에 의하면, 진실로 고만고만하며 별 차이가 없고, 궁극적으로 구별 짓는 것은 집념과 노력 실행, 곧 불타는 열정이라고 단언할 수 있다.

* 집중

철학자 화이트 헤드에 의하면 좋은 교사는 잘 가르치고, 훌륭한 교사는 모범을 보이며, 위대한 교사는 학생들 가슴에 불을 지핀다[43] 고 했다. 무릇 모든 사람에게는 내면 깊은 곳에서부터 부인할 수 없는 이러한 불, 곧 뜨거움이 샘솟고 있다.

그것을 앞서 자세히 피력한 열정, 열성, 열의, 열심, 열망이라고 표현하기도 하는데 그것을 자신의 생애 동안 선하고 뜻깊은 프로젝트에 집중적으로 최대한 많이 발휘하고 세상을 하직하는 사람이 있기도 하고 그렇게 집중하지 못하고 떠나는 이들도 적지 않다. 어쩌면 그러한 열의를 최대한 쏟아부을 동기가 없거나 기회를 만나지 못하는 수도 있고, 그럴 필요도 못 느끼며 살다 가는 경우도 있다.

혹여 그런 열의를 꽃피울 계기가 있다 하여도 간혹 윤리 도덕적으로 잘못된 상황에서 그릇된 가치관에 젖어 스스로는 올바른 일이라고 합리화하기도 한다. 하지만 역사와 후세대는 비판하게 될 어떤 잘못된 목적에 오롯이 낭비하는 경우와 단지 몇몇 소수의 사람들만을 위하여 귀한 에너지를 소모하거나 아무것도 하지 않은

43 참조 전삼용. 성심 보물섬 정원 Blog, 2021,1,31.강론, 재인용.

채 사장시키는 경우 등등은 안타까운 일이라 하지 않을 수 없다.

윤리 도덕적으로는 물론이며, 많은 사람들을 위하며 공동선에 크게 이바지하고 더구나 동시대 사람들뿐 아니라 다음 세대에게도 훌륭한 귀감이 되는 일에 자신의 탤런트를 개인 사심 없이 보다 청순(淸純)하게 자신의 끓어 넘치는 열망을 집중하여 노력하며 쏟아 부을 수 있다면, 스스로에게도 축복되는 일이며 소위 가문의 영예도 드높이는 기회가 될 것이다.

6·25 때 흥남 부두에서 배에 실은 군수 물자를 버리고 그 대신 피난민 1만 4000여 명을 화물선에 태워 탈출시켰던 레너드 라루 선장은 나중 '마리너스'라는 이름으로 미국 세인트폴 수도원의 수사가 되었다. 그는 세상을 떠나기 전 다음과 같은 말을 남겼다.

"신을 사랑하는 것이 최고의 로맨스이고

그분을 추구하는 것이 최고의 모험이며

그분을 만나는 것이 최고의 성취이다.

살아서도 신뿐이며, 죽어서도 신뿐이다."[44]

엄동설한 매우 어려운 여건 가운데서도 피난민을 보호하고 구제하고자 했던 그 마음의 이면에 잠재해 있던, 신을 향하여 집중된 의지가 마침내 언어로 표출된 것이다.

진정 바람직한 것은 평소 깨어 있는 의식과 자세가 중요하다는 것을 보다 많은 사람들이 깊이 인식하고, 그 인식을 바탕으로 삶의

---

44 https://blog.naver.com/sonyh252//220127301890

문화 곳곳마다 확고한 이타적 신념을 정착시키며 토착화시키는 것이라 사료된다.

성실한 봉사자라면 열성을 집중하여 크고 작은 여러 봉사와 헌신이 아름답게 꽃피울 수 있도록 늘 노력하며 그 보람과 성취감을 맛볼 수 있다고 여겨진다. 뿌린 만큼 거두고, 아는 만큼 보이게 되듯, 일생을 통해 봉사하고 기여한 만큼 성취하게 되는 것은 또 하나의 보람이다.

진실한 노력의 결실은 속이지 않으며 극히 정직하다. 하루아침 한순간에 풍성한 결실을 성취할 수 없고 꾸준히 반복하여 성실하게 노력하다 보면 봉사하고 헌신한 모든 것에 대한 풍성한 결실을 이룩할 수 있을 것이다. 성경에서 신은 늘 일하고 계신다고 기록되어 있다. 이것은 신의 그 넘치는 지속적 열의를 언급한 것이라고 삼가 표현하고 싶다.

그리스도 역시 늘 당신의 일, 곧 인류 구원을 위해 멈춤 없이 봉사하셨다. 그분이 얼마나 분주히 수고하고 봉사하셨으면, 당신의 피곤함은 언급 않으시지만, 제자들이 당신과 함께 봉사하느라 지쳐 있음을 아시고 그들에게 따로 외딴곳으로 가서 좀 쉬어라 말씀하셨을까 묵상된다. 봉사자들 역시 자신의 주어진 여건 안에서 열과 성을 집중하여 공동체의 유익에 동참하면, 인류사적 문화사적 적지 않은 성과를 내게 될 것이다.

한편 필자가 실사구시 및 실용적, 현실적 가치관과 심성에 삶의 기준을 두려고 하는 이유도 있겠으나, 4~50대 중년이 되어서야, 그동안 기본적 예의·예절·에티켓만 갖추면 될 것을, 불필요하며 지나치고 과도한 허례허식, 외모와 형식적 사고방식과 행위가 너무 많았다는 것을 뒤늦게 깨닫는다.

실생활 가운데서 미풍양속은 더욱 발전시켜야 하겠지만, 개선하고 극복해 가야 할 외화내빈 풍조나 외모차별주의, 루키즘(lookism, 외모지상주의) 같은 겉치레를 위해 투입하는 에너지를 진정 필요하고 긴요한 분야에 집중할 수 있어야 한다고 절실히 느낀다. 이러한 각성은 필자 혼자만의 경우가 아니고 주위의 중장년과 어르신들에게서 적지 않게 들은 말씀이었다. 나이 들어 뭣이 중한지 알게 된 것이다.

일반 사회에서도 선택과 집중이라는 원칙이 있는데 이것이 바로 문제 극복의 가능성을 드러내는 것이라 하겠다. 주어진 목표를 향해 버리고 가야 할 것은 과감히 버리고 붙잡아야 할 것은 강력히 붙잡아 집중적으로 에너지를 투입하며 매진해야 하겠다. 어쩌면 사회에서의 성공이라는 것도 극복해야 될 것을 온전히 극복할 수 있었기 때문에 성취되었다고 할 수 있겠다. 각 개인의 인생 여정과 성숙도에 따라 극복의 정도와 수준이 결정된다고 할 것이다.

사실 인간의 열정적 삶에 있어서 기본적 여러 덕망들은 성실함과 부지런함으로 집중되어 나타난다고 하겠으며, 이것이 대인 관계나 사회적으로는 봉사로 나타난다고 본다. 이런 점에서 또 하나의 인간 정의(定義)로서 라틴어 servire(봉사하다) 표현을 원용하여 HOMO SERVIENS, 곧 '봉사하는 인간'이라고 할 수 있지 않을까 사려된다.

봉사함으로써 일상의 삶과 생활 터전에서 가끔 맛보게 되는 태만함과 귀찮음, 역겨움 나아가 우울함, 지겨움 또는 나태함, 진부함 등의 실생활에서 부딪히는 제반 각종 부정적 상황과 난제들을 극복하는 한 가지 방법도 된다고 하겠다.

또한 다른 이들을 위한 봉사를 통해 인생의 보람과 삶의 기쁨을 만끽하고 생동감 넘치는 생애를 구가하며 아름답고 평화로운 도반 공동체를 이룩할 수 있을 것이다.

나아가 대다수의 사람들이 서로 끊임없는 봉사 활동을 통하여 보다 바람직한 인류 공동체, 지구촌 가족을 형성할 수 있을 것이며, 후손들의 세대에게도 상호 존중하며 박애와 평등, 공존과 공영의 인류 가족이 굳건하게 세워질 수 있을 것으로 믿는 바이다.

삶을 새롭게 시작하며

지나간 30~40대 젊었을 때와 달리 60대 중반이 되니, 많은 변화를 느낍니다. 그중 하나가 철부지 같은 그 당시에 몹시 교만하였음을 깊이 반성하게 됩니다. 다른 어른들을 보며 나도 언젠가 늙게 되고 노인이 될 줄 알면서도, 마치 절대로 노인이 되지 않을 것처럼 아니면 적어도 아주 먼 훗날에나 노인이 될 것처럼 지나치게 자만했던 것을 뉘우치게 됩니다.

인생 열차에서 하차해야 할 종착역이 멀지 않음을 이제야 절실히 깨달으며, 사용하고 있는 조촐한 지성과 의식이 얼마나 유지될지 조심스러워지기도 합니다. 스피노자는 내일 세상 종말이 와도 오늘 사과나무를 심겠다고 했습니다. 아직 지성의 불꽃이 가물거리며 손발을 쓸 수 있는 한 이웃과 내일을 위해 무엇인가 하는 것이 의미 있을 것입니다.

성경에도 씨앗을 뿌리는 비유가 나옵니다. 세상만사가 그러하듯 시작이 있어야 과정이 있고 결실을 거두는 유종의 미가 있습니다. 과거 우리 선조들이 씨앗을 뿌렸기에 오늘 후손들인 우리가 그 결실을 거두고 열매를 맛봅니다. 마찬가지로 우리 후손들을 위해 또한 나 자신의 가치 있고 의미 있는 남은 생애를 위해 오늘 우리는 무엇인가 새롭게 시작하며 어떤 씨앗을 뿌립니다. 물론 그 씨앗 중에는 최상의 품질이 있을 수 있고 그렇지 않을 수도 있습니다. 그 결과를 지금은 알 수 없기 때문에 좋아 보이는 것이라면 어떤 것이든 오늘 씨를 뿌려야 무엇인가 얻게 됩니다.

아무런 씨앗도 뿌리지 않거나 어떠한 도전 없이 무사안일하게 있어서는 미래가 없습니다. 보다 바람직하고 희망적인 미래를 맞이하기 위해서는 오늘 무엇인가 시작해야 합니다. 이왕 무엇인가 계획하고 시도한다면 한 번뿐인 우리 각자 생애가 미래 세대에게 보다 귀감이 되고 우리 스스로도 삶의 마지막 날에 보다 큰 감사와 긍지를 느끼며 신께 보은의 깊은 정이 넘쳐 나는 생애가 될 수 있도록 힘쓰는 것이 가치 있지 않겠습니까? 이러한 소망과 바람을 품고 오늘 첫 삽을 준비하는 것이 어떨까 합니다.

모든 인류가 다른 이들과 후손들을 위해, 위대한 헌신은 아니어도 적어도 뭔가 봉사하려고 노력하는 마음으로 각자 살아간다면 이 세상의 모습이 보다 나아지지 않겠는가 사료됩니다. 뿐만 아니라 그런 일을 통해 인생에 대한 새로운 시각이 열리면, 젊었을 때는 소극적이라 하여도 은퇴 후 노년과 힘닿는 한의 말년까지 평생 고민하고 투신할 과제가 되어 생애 가운데 지루하거나 무료(無聊)하지 않게 될 것입니다. 왜냐면 아름답고 고상한 과제가 생겼기 때문입니다. 삶의 말년에 의식이 가물거릴 때에도 가능하면 소소한 청소를 한다든지 또는 침상에 누워 있을 망정 적어도 세계 평화를 위해 진실한 마음으로 기도는 할 수 있지 않겠습니까?

특별히 우리나라에 대해서도 한 말씀드려야 하겠습니다. 잘 아시다시피 아름답고 자랑스러운 점도 많지만, 우리나라는 강대국 사이에서 지정학적 한계 가운데 자원과 원천 기술 같은 핵심 요소의 결핍을 느끼면서 수많은 외침과 찬탈, 갈등과 분열, 대립과 경쟁 가운데 다양한 모순적 상황으로 여러 많은 사람들이 어려움을 겪어 온 것이 어제와 오늘의 현실입니다. 한때 한강의 기적이라며 국내외 전문가들과 지도자들이 찬사를 아끼지 않았습니다.

그러나 그 기적이 과연 지속 가능한 것이 될 수 있는가 또한 세계적 무한 경쟁의 정글 속에서 미래 먹거리를 제대로 확보할 수 있는가, 더욱이 이보다 더 중요한 것으로 공동체 의식이 상승되어 함께 나누고 서로 돕는 동반자 문화 의식이 견고하게 형성되어 있는가 하는 등등의 도전과 문제에 직면해 있습니다.

게다가 흔히들 우리 민족의식은 모래 같은 근성이 있어 개인적 한 사람씩은 굳건하고 책임성 있는 모습을 기대할 수 있으나 여러 사람이 함께할 경우에는 마치 주먹을 쥐어도 손가락 사이로 빠져나가는 모래알처럼 통합과 일치를 이루기 어려운 측면이 있다고 지적합니다.

일치와 단합의 중요성을 보여 주는 대표적 사례가 하나 있는데, 고구려 연개소문 사후, 그의 간곡한 유언과는 정반대로 아들들이

서로 다투고 분열을 일으키다 차남 남건(男建)은 자신의 입지가 소
외되고 불리하게 되자 적국인 당나라로 피신하여 고구려의 군사
배치 정보와 입성 방법을 상세히 알려 주어 고구려 멸망에 기여하
였습니다. 그는 우리나라가 한반도 안으로 고착되는 데 치명적인
이적 행위를 한 셈이 됩니다.

　이 같은 일은 오늘날에도 여전히 비슷하게 반복된다 하겠는데,
기업의 핵심 고급 기밀을 거액의 대가를 받고 다른 나라에 팔아 자
신의 잇속을 채우는 경우입니다. 오랜 기간과 수많은 시행착오 끝
에 간신히 알아낸 산업 초격차 기술을 혼자 배불리 살아 보겠다고
경쟁국에 유출해 버리는 것입니다. 이런 점에서 공동체와 사회 그
룹의 일치와 단결은 결코 소홀히 다뤄서는 안 되는 것임을 새삼 깨
닫게 됩니다.

　우리 민족은 세계 민족들을 올바르고 소망스런 미래로 이끌며,
세계 역사를 선도하는 귀감이 되어야 할 것으로 생각됩니다. 적어
도 마땅히 본받아야 할 모델이 될 수 있을 것이며 그렇게 해야 할
소명이 있다고 믿습니다. 하지만 내부적으로 자살율 1위니 이혼율
상위니 저출산율 최고니 하는 현상들은 진정 부끄럽고 안타까운
치부가 아닐 수 없습니다.

　한류 열정과 한류 문화에 대해서 세계가 주목하며 기대하는 바
가 높은데 우리 스스로는 우리 민족의 천부적 역량을 낭비하거나
사장시키고 있는 것 같아 환골탈퇴의 깊은 성찰이 필요하다 하겠

습니다.

현대 경영학을 창시한 미국 경영학자 피터 드러커는 한국인이 한강의 기적을 이루고 IMF 구제 금융을 3년 만에 극복하는 것을 보고, 한국 민족이 세계에서 가장 혁신적인 민족이라고 하였습니다. 이것은 도전적이며 역동적인 민족성을 높이 평가한 것입니다.

노벨상 수상자를 가장 많이 배출한 유대인보다 우리 민족의 지능이 뛰어나다는 국내외 보도를 언급하지 않더라도, 알고 보면 이러한 혁신 기질 역시 억누를 수 없는 민족적 타고난 소양과 DNA에서 스프링처럼 솟아오른다고 하겠습니다.

실제로 프랑스에서 한 고교생이 한국을 학교에서 배웠다며 군산, 포항, 울산의 산업 단지 등 우리나라 지방에 대해서 얘기할 땐 깜짝 놀랐습니다.[45] (송구하게도 지방 공업 단지에 대해서는 저도 잘 모르는 것이 솔직한 고백입니다.) 그만큼 세계가 주목하는 '대한국인'이라 하겠습니다.

과거의 미성숙한 사고방식과 미개한 품성들은 이제 과감히 고쳐 나가야 하겠습니다. 개인 한 사람의 처지와 명운이 모여서 곧 우리 모두의 역사 궤적이 그려짐을 더욱 폐부 깊이 새기며 살아가야 할

---

45 사실 20세기 후반 전쟁 잿더미에서 한국이 손댄 프로젝트는 예컨대, 정보통신, 자동차, 조선, 철강, 화학, 가전제품, 방산, 바이오 등등 거의 대부분 세계 상위권으로 진입한다고 합니다. 그러니 다른 나라의 고교 수업 시간에 다루지 않을 수 없는 것입니다. (최근에는 영화 산업, 음악, 스포츠, 음식까지 세계가 인정하며 주목하고 있습니다. 앞으로는 이뿐만 아니라 민족 심성과 공동체성에도 관심 갖기를 희망해 봅니다.)

것입니다. 누구도 무시당하거나 배척당하지 않는 가운데 희로애락을 함께하며 형제애가 넘치는 사해동포적 연대를 이루고 살아간다는 것은 무엇보다 헌신과 나눔, 봉사와 희생정신이 보편화되는 사회가 먼저 되어야 하는 것입니다.

바로 이것을 위해 교육이 필요하고 본받아야 할 모델이 있어야 하며 함께 발전하고 공생하는 가치관의 공감대가 민족의식과 민족 문화 저변에 넓고 단단하게 자리 잡아 가야 할 것입니다. 나아가 세계 민주 시민 의식과 생명과 봉사의 문화를 바탕으로 진보하며, 시대가 요구하는 모범적 국민이 되어 타 민족이 본받을 만한 귀감(龜鑑)이 될 수 있어야 할 것입니다.

진정 보잘것없는 졸서를 끝까지 읽으시느라 대단히 수고 많으셨습니다. 존경하는 독자제위님 한 분, 한 분 모두에게 하느님의 사랑과 축복이 늘 폭포수처럼 넘치시길 기원하며, 이 세상에서는 물론이고 신께서 허락해 주신다면 하늘나라에서도 계속 기도드리겠습니다.

대단히 감사합니다.

2022년 아름다운 하절기에
저자 온 마음으로 拜上

추천의 말씀 2 영어 원문

In today's world, mankind has been mostly immersed in the promotion and utilization of technology, and we have been intentionally ignoring the fact that the great planet Earth is heading toward the brink of collapse and sinking of humanity, and we have been running straight ahead. Today's environment, economy, global order, and human relations clearly show a great amount of turbulence that the development of the science and technology industries alone does not guarantee or ensure a human future.

In order to overcome and heal this great problem and leave a better environment and order of life for future generations, the role of religion is more important than ever before. True religion, which has offered light and hope to humanity, proclaims many values, such as mercy and consideration, co-existence between humans, harmony and friendship, well-being and happiness.

However, it is considered to ultimately result in altruistic love and self-sacrifice. In true religion, the amount of altruistic love that serves neighbors more than oneself, based on self-giving, devotion and loving one's neighbors as oneself may be wider and deeper. Here the role of religion and the reason for its existence are important for humans to understand and promote.

Unfortunately, today's situation in the world is divided, difficult, and painful, to the point of questioning whether humans have a conscience. With 6,000 children dying of hunger a day and a growing number of poor people having to butter the day with goods under $2 a day, arms race and lethal weapons are fiercely pursuing new products, further consolidating the world of polarization between rich and poor, and between different nations. In this situation, religion with truth and grace which characterize it should not seem to remain silent, but should offer and take the initiative in presenting true paths and hopes to all mankind.

Within the history of mankind after the birth of Christ, the Catholic Church has given human society a very important and necessary message of light of life. Most of all, it made us realize the fundamental rights of human beings, which retain the natural dignity and the image of the Creator, and did not stop promoting peace, equity, and even distribution of natural goods between countries and peoples. This calling is earnestly and perhaps more urgently required in the modern world of today for true brotherhood between humans.

Father Bae's work, this book which is published at this time, brings together a compilation of his 33 years of experience and practical reflection on the actual revitalization of Christianity and the generalization of holy vocation among the ordinary persons. In particular, the spirit of Synodalitas and Périchoresis, which are requested by current times, stands out in its value of writing and his work expresses the enthusiasm for Church and human beings. I believe that the role of every modern person in the 21st century as well as the Korean Church, will greatly contribute to the blooming of higher values and the formation of greener family in the global community through this book, and I encourage you to read this book sincerely with pleasure.

Thank you.

(Solemnity of Sacred Heart of Jesus, 2020)

Menas C. Kafatos

호모 세르비엔스

교회 인가 2023년 5월 12일 천주교 의정부교구장 이기헌 베드로 주교

ⓒ 배경민, 2023

초판 1쇄 발행 2023년 6월 15일

지은이   배경민
펴낸이   이기봉
편집   좋은땅 편집팀
펴낸곳   도서출판 좋은땅
주소   서울특별시 마포구 양화로12길 26 지월드빌딩 (서교동 395-7)
전화   02)374-8616~7
팩스   02)374-8614
이메일   gworldbook@naver.com
홈페이지   www.g-world.co.kr

ISBN   979-11-388-2018-9 (03230)

- 가격은 뒤표지에 있습니다.
- 이 책은 저작권법에 의하여 보호를 받는 저작물이므로 무단 전재와 복제를 금합니다.
- 파본은 구입하신 서점에서 교환해 드립니다.